재주 많은 엄마와 두 아이의
닮고 싶은 일상
태브로네 집

하상미 지음

재주 많은 엄마와 두 아이의
닮고 싶은 일상

태브로네 집

하상미 지음

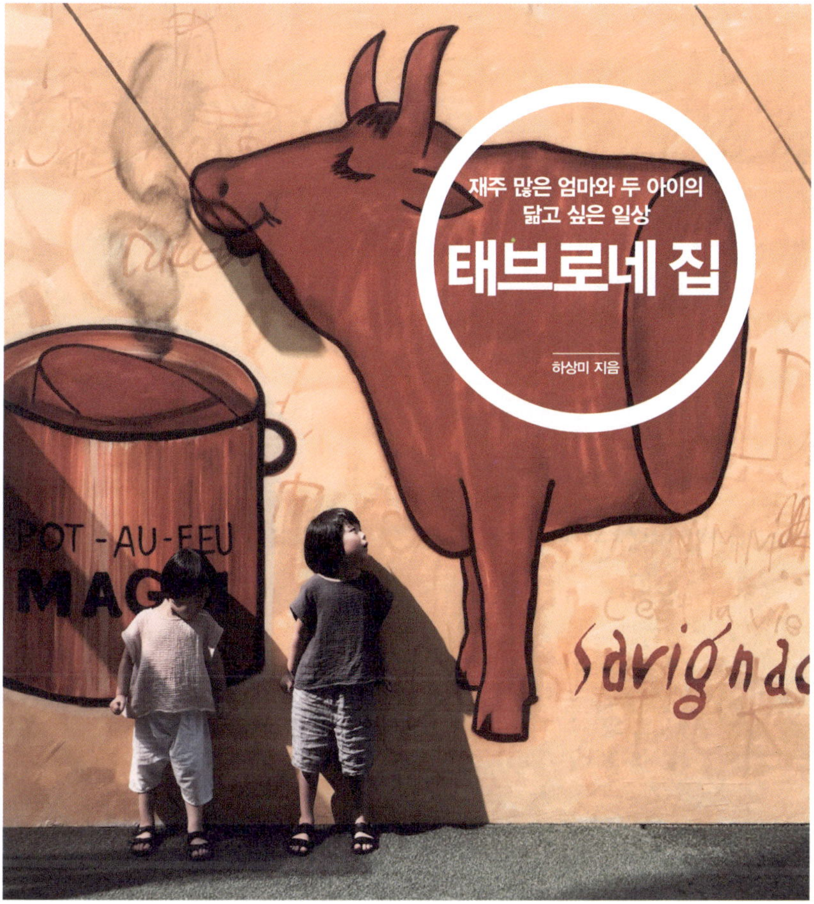

RHK
알에이치코리아

Contents

Prologue
일상이라는 캔버스에 그림을 그려 나가다 **006**

Introduction
태브로네 집으로 초대합니다 **008**

Chapter One
태브로네 식탁 레시피

intro 태브로네 조식 서비스 **013**
recipe 단호박 수프와 토마토 샐러드 **017**
　　　　미니 피자와 아보카도 **019**
　　　　구운 야채와 달걀 프라이 **023**
　　　　아스파라거스 그라탱 **027**
　　　　미니 주먹밥과 달걀탕 **029**
　　　　감자 팬케이크 **033**
　　　　캐릭터 팬케이크 **035**
　　　　토마토 시금치 프리타타 **039**
　　　　고구마 프리타타 **041**
　　　　미니 햄버거 **043**
　　　　아보카도 베이컨 롤 **047**
　　　　스크램블 에그와 바게트 **049**
　　　　네 가지 색 경단밥 **053**
　　　　두 가지 타입의 오픈 샌드위치 **055**
　　　　감자 소시지 버터구이 **057**
　　　　브로콜리 수프와 제철 과일 **059**
　　　　버섯 갈릭 볶음밥 **061**
　　　　동글동글 감자 크로켓 **065**

Chapter Two
엄마의 일상 스케치

intro 엄마의 조금 특별한 하루 **069**
사진으로 남긴 일상 풍경 **072**
그릇&커트러리 컬렉션 **108**

Chapter Three
패셔니키즈 태브로

intro 태브로의 스타일링 노하우 **123**
엄마가 사랑하는 패션 소품 **152**
계절별 스타일링 **Spring 166**
계절별 스타일링 **Summer 170**
계절별 스타일링 **Autumn 176**
계절별 스타일링 **Winter 180**

Chapter Four
미대오빠 태윤이의 미술 시간

intro 미술과 친구가 된 태윤이 **187**
엄마가 고른 그림책의 힘 **190**
아이와의 데이트는 미술관에서 **196**
다양한 체험 활동을 즐기세요 **212**
태윤이의 미술 시간 **216**
꼬마 화가 태윤이의 그림들 **229**

Chapter Five
태윤이와 엄마가 함께 떠난 유럽 여행

intro 태윤, 엄마와 함께 파리와 런던으로 떠나다 **251**
PARIS 봉주르, 파리! **255**
태윤이와 엄마가 함께 뽑은 파리의 베스트 스폿 **300**
LONDON 반가워, 런던! **303**
태윤이와 엄마가 함께 뽑은 런던의 베스트 스폿 **340**

Chapter Six
태브로네 집

intro 사소하지만 사랑스러운 순간들 **345**
태브로네 일상 기록 **348**
나들이의 추억 **378**
아이들과 함께 가면 좋은 미술관 **386**

Epilogue
행복했던 여행을 마무리하며 **399**

부록 캐릭터 팬케이크 도안

Prologue

일상이라는 캔버스에 그림을 그려 나가다

저는 어릴 때부터 미술 시간이 너무 좋았어요.
알록달록 아름다운 색깔의 물감들, 바라보기만 해도 두근두근 설레는 새하얀 도화지, 늘 신기하고 새로운 미술 도구들….
나만의 방식으로 무언가를 그리고 만들어 간다는 건 다른 무엇과도 비교할 수 없는 큰 기쁨이자 즐거움이었죠.
결혼 후 신혼집을 꾸미고 서투르지만 맛있는 요리를 준비하는 것이 소꿉놀이처럼 재미있었던 것도, 힘든 집안일이라기보다는 무에서 유를 창조해가는 창작 활동처럼 느껴졌기 때문이에요.
그리고 시간이 흘러 아이 둘의 엄마가 되었습니다. 엄마가 되고나서야 우리의 삶이 얼마나 다채로운 빛깔을 띠는지도 알게 되었어요. 막연히 상상했던 엄마의 삶이 멀리서 바라보는 풍경화 같았다면 실제의 삶은 각각의 사물이 세밀하게 보이는 정물화 같다고나 할까요.
육아는 아이가 커가는 과정마다 늘 새로운 허들이 버티고 있는 장애물 달리기와 같다는 것을 매 순간 느낍니다. 한창 에너지가 넘치는 아들 둘을 키우는 것이 결코 녹록지 않다는 것도 분명해요. 하지만 다행스러운 일은 한 해 한 해 시간이 흐를수록 조금씩 마음의 여유가 생긴다는 것입니다.
아이들 식사를 차리고, 등원할 때 옷과 신발을 요리조리 매치해서 입히고, 함께 나들이를 가거나 여행을 계획하는 것. 어찌 보면 특별할 것 없는 평범한 하루하루지만 아이들과 함께 하기에 제 삶은 좀 더 역동적이고 풍요로워지는 것일지도 모릅니다.

여행, 사진, 인테리어, 스타일링, 요리, 꽃…. 제가 사랑하는 것들입니다. 그리고 평생 함께 하고 싶은 것들이기도 하고요. 단순히 혼자만의 취미로 머물 수 있었던 것들이 엄마가 된 이후 더욱 특별한 의미로 자리 잡았어요. 아이들과 함께 즐기고 공유하게 되었으니까요.
요즘은 제가 음식을 만들기 시작하면 아이들이 엄마를 돕겠다고 나섭니다. 이제 일곱 살 형인 태윤이는 제법 무거운 접시도 직접 가져가 플레이팅하기도 해요. 오늘은 어떤 포크와 스푼이 어울릴까 이리저리 놓아보기도 하고요.
아이들과 제가 함께 즐길 수 있는 무언가를 늘 찾아보고 고민하는 것이 이제는 버릇이 되었어요. 갤러리를 찾아가 멋진 그림을 감상하고, 디자인 감각이 돋보이는 인테리어 편집 숍이나 카페, 계절마다 다른 빛깔과 향기를 가진 꽃들이 가득한 꽃시장에도 같이 가요. 친구처럼 예쁜 물건들을 구경하며 수다도 떨고 아이들이 좋아하는 그림엽서나 작은 소품을 구입하기도 하고요.
갤러리나 미술관에 아이들과 함께 다니는 습관을 들인 건 제가 생각해도 참 잘한 일 같아요. 어릴 적 낯가림이 유독 심했던 태윤이가 지금은 엄마와 다른 나라로 긴 여행을 떠날 정도로 대범해졌고 무엇보다 미술을 너무 사랑하는 아이, 화가를 꿈꾸는 아이로 자랐거든요. 유치원 가방 속에 꼬깃꼬깃 접어둔 종이에는 며칠 동안 짬이 날 때마다 조금씩 그려 완성한 미로가 있고, 태윤이만의 미술 책상을 처음으로 마련해준 날에는 늦은 밤까지 조명을 켜고 그림을 그리느라 집중하기도 했지요.

아이들이 커가는 모습, 여행지에서의 나날, 두고두고 추억하고 싶은 순간을 남기며 나중에 이것을 모아 책으로 만들면 얼마나 뿌듯할까 생각했었는데 그 꿈을 이루게 되었어요.
일상이라는 캔버스에 제가 그려 나간 그림을 많은 분과 공유하고 싶어요. 함께 아이를 키우는 분들, 나와 같은 취미를 가진 분들을 집에 초대하는 기분으로 이 책을 써나갔습니다. 책을 읽는 분들이 태브로네 집에서 맛있는 음식과 향기로운 차를 대접 받고, 재미있는 이야기를 함께 나눈 기분이라고 말해준다면 얼마나 좋을까요.

Introduction
태브로네 집으로 초대합니다

첫째 김태윤

애칭 태오빠, 미대오빠, 태간지, 태선비
나이 일곱 살
좋아하는 것 그림 그리기, 색종이 접기, 달리기, 레고, 자전거 타기, 수영, 요리 수업
좋아하는 음식 수박, 사과, 우유, 팬케이크, 떡볶이

둘째 김찬율

애칭 보드리
나이 다섯 살
좋아하는 것 재잘재잘 수다 떨기, 간식 먹기, 책 읽기
좋아하는 음식 수박, 블루베리, 딸기, 파프리카, 토마토, 콩, 버섯, 우유

아기 때는 무척이나 낯가림이 심하던 샤이 보이가 어느덧 감성 넘치는 일곱 살 형아가 되었어요.
'미대오빠'라는 애칭에서도 알 수 있듯이 미술 활동을 무척 사랑하는 아이입니다. 늘 그림을 그리고, 색칠을 하고, 색종이로 무언가를 만들어요.
동생에게는 언제나 말보다 조용히 행동으로 보여주는 선비 같은 형이자 엄마에게는 섬세하고 속 깊은 친구가 되어주는 아이예요.
여섯 살이 되던 해부터 엄마와 단둘이 도쿄, 런던, 파리 등을 여행했어요. 엄마가 지치고 힘들어할 때면 엉뚱한 긍정의 말로 힘을 북돋워 주는 최고의 여행 메이트입니다.

온 가족의 사랑을 듬뿍 받아서 그런지 늘 아기 같은 막내 찬율이.
둘째는 애교를 기본 옵션으로 가지고 태어난다더니, 정말 그 말이 딱 맞는 아이랍니다.
애교도 많고 늘 명랑해서 사랑스러워요.
뭐든지 잘 먹고 뭐든지 수월하게 해줘서 엄마에게는 너무 고마운 아이이기도 합니다.
혼자서 책 보는 게 취미고요, 엄마 핸드폰 번호도 벌써 외워버린 똘똘이에요.

엄마 **하상미**

애칭 태브로맘, 하에디터, 하포토그래퍼
좋아하는 것 멋스러운 그릇, 리넨으로 만든 옷과 소품, 꽃, 커피, 크루아상, 여행, 사진

학창 시절부터 미술 시간을 가장 좋아해서 미술 숙제라면 밤을 꼴딱 새워서도 완성했던 열정적인 학생이었어요. 미술을 전공하지는 않았지만, 대신 일상을 그림 그리듯 살아가자고 마음먹었어요. 두 아이의 엄마로 하루하루를 정신없이 보내고 있지만, 내가 좋아하고 행복해지는 일이 무엇인지는 잊지 말자고 다짐하며 살아가고 있답니다.

태브로?

'태브로 Tae Bro'는 태윤, 찬율 형제를 함께 부르는 애칭이에요. 태윤의 '태'와 브라더 brother의 '브로'를 합친 말이랍니다.

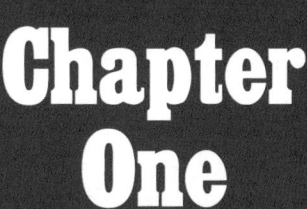

intro

태브로네 조식 서비스

'태브로네 조식 서비스'가 뭐냐고요? 인스타그램에서 팔로워분들이 우리 집 아침 밥상을 부르는 말이에요. 호텔 뷔페처럼 다양하고 푸짐하다고 해서요. 출근 시간이 비교적 늦은 남편 덕분에 저는 다른 엄마들보다 아침 시간이 조금은 여유로워요. 아빠가 아이들 등원 준비를 맡고, 저는 아침 식사를 준비하거든요. 그래서 다른 집에 비해 아침 메뉴가 다양한 편이에요. 저희 집에서는 주로 아침에 준비하는 음식들이지만, 간식이나 간단한 한 끼 식사로도 좋은 레시피이므로 수줍게 소개할게요.

저의 하루 일과에서 많은 부분을 차지하는 게 아이들이 좋아할 만한 메뉴와 식재료를 생각하는 거예요. 주부라면 누구나 그렇겠지만, 하루 두 끼만 해먹기에도 뭐가 그렇게 준비할 게 많은지 하루가 후딱 지나가잖아요. 제가 음식을 준비하는 나름의 요령이라면 같은 재료라도 다양한 메뉴로 응용하거나 제 방식대로 도전의식을 과감하게 발휘해보는 거예요. 태윤이와 찬율이가 약간 아토피가 있고 피부가 예민한 편이라서 식재료와 영양 섭취에 신경을 쓰는 편이기도 하고요. 요리 전문가는 아니지만 아이들한테만큼은 최고의 '엄마 셰프'가 되고 싶으니까요.

저는 꼭 밥과 국 중심의 한식을 고집하지는 않아요. 또한 아이들 밥상이라고 해서 어른들이 먹는 음식과 따로 떼어서 생각하지 않는답니다. 같은 요리라도 재료 선별에 주의를 기울이고 간을 조금 심심하게 하면 아이들도 함께 먹을 수 있으니까요. 그런데 아이들 밥상을 차릴 때 특히 신경 쓰는 것이 하나 있어요. 아이들이 매일 적당량의 야채와 과일을 꼭 먹을 수 있게 하는 거예요. 하루에 다섯 가지 색깔의 야채나 과일을 섭취하는 게 몸에 정말 좋다고 하잖아요.

제 주변만 해도 야채와 과일을 싫어하는 아이들이 정말 많아요. 엄마들의 걱정과 고민은 늘어만 가지요. 야채와 과일을 잘 먹게 하는 방법이 뭘까 늘 고민했어요. 식성은 커가면서 바뀐다고 하지만, 어릴 적 입맛은 커서도 잘 변하지 않더라고요. 그래서 어려서부터 야채와 과일과 친해지기 위한 노력이 필요한 것 같아요. 매 끼니 다양한 야채와 과일을 식탁에 올려 그 맛에 친숙해지도록 했고, 아이들이 좋아하는 식기와 커트러리를 사용해 예쁘게 차리려고 신경을 쓰는 편이에요. 아이들은 보이는 것에 정말 민감하고 정직하잖아요.

제가 알려드리는 몇 가지 음식으로 근사한 카페에서 즐기는 브런치 느낌을 내보세요. 가끔은 커피도 준비해서 아이들과 함께 식사하며 이야기꽃도 피우면서요. 단조로운 일상이 한결 풍성해진답니다.

요리하기 전에

저는 요리할 때 대개 밥숟가락을 사용하지만, 좀 더 정확한 맛을 위해 이 책에서는 계량스푼을 사용합니다. 계량스푼은 1큰술(1TS)이 15ml, 1작은술(1ts)이 5ml입니다. 계량스푼이 없다고 걱정하지는 마세요. 수북하게 한 숟가락 담으면 계량스푼 1큰술과 거의 비슷해요. 숟가락에 반을 조금 못 채우면 1작은술과 비슷하고요. 대부분의 메뉴는 저희 네 식구가 아침 식사로 먹는 양을 기준으로 했으니, 식구 수에 따라 가감하면 좋을 것 같아요.

최고의 한 그릇 가니쉬에
닭고기와 초리조 소시지를 넣은
스페인식 쌀 요리

recipe

단호박 수프와 토마토 샐러드

우리 집 식탁의 단골 메뉴인 단호박 수프! 언제 먹어도 고소하고 부드러운 맛이에요. 아이들도 잘 먹고 저도 좋아해서 자주 만들어요. 단호박 수프를 넉넉하게 만들어 한 번 먹을 분량씩 포장하여 냉동실에 보관하면 필요할 때마다 꺼내 먹을 수 있어 편해요. 방울토마토와 베이비 채소, 치즈로 샐러드도 만들어 식탁에 함께 올려보세요.

재료 단호박(중간 크기) 1개, 양파 1/2개, 생크림 200ml, 우유 100ml, 올리브오일 1큰술, 버터 20g, 소금·후춧가루 약간씩, 파르메산 치즈가루 적당량
크루통 식빵 2장
샐러드 방울토마토 6개, 양상추·샐러드 채소 적당량씩, 까망베르 치즈(또는 브리 치즈) 50g
드레싱 올리브오일 2큰술, 발사믹 식초 3큰술, 설탕 1/2큰술, 후춧가루 약간

1 단호박은 전자레인지에 5분 정도 돌리고 찜통에서 푹 삶는다.
2 양파는 채 썰어 올리브오일을 두르고 노릇하게 볶는다. 생크림, 우유, 버터를 넣어 중간 불에서 끓이다가 끓어오르면 불을 끈다.
3 삶은 단호박은 껍질과 씨를 제거한다. **2**를 살짝 식혀서 단호박과 함께 블렌더에 넣고 간다. 살짝 씹히는 느낌이 나도록 갈아도 좋다.
4 **3**을 냄비에 부어 한 번 더 끓인다. 소금과 후춧가루로 간을 한다.
5 단호박 수프를 그릇에 담아 크루통을 곁들인다.
6 방울토마토는 반으로 자르고 양상추, 샐러드 채소, 치즈와 함께 섞는다. 드레싱 재료를 섞어 샐러드에 뿌린다.

tip 간단한 크루통 만들기
식빵을 큐브 모양으로 자른 후 기름을 두르지 않은 팬에 골고루 노릇하게 구우세요.

recipe   **미니 피자와 아보카도**

냉장고에 남은 식빵이 있다면 간단히 미니 피자를 만들어보세요. 홈메이드 피자의 장점은 토핑을 내 마음대로 올릴 수 있다는 거예요. 마땅한 재료가 없다면 양파만 노릇하게 볶아 올려도 맛있어요. 미니 피자와 함께 부드러운 아보카도, 잘 익은 토마토도 곁들여보세요.

재료 식빵 3장, 양파 1개, 양송이버섯 4개, 베이컨 4장(생략 가능), 올리브 4~5개, 토마토소스(혹은 토마토케첩)·올리브오일 적당량씩, 토마토 적당량, 아보카도 1/2개, 모차렐라 치즈 약간, 발사믹 크림 적당량

1 식빵은 4등분한다.
2 양파는 채 썰어 올리브오일을 두르고 볶는다. 양송이버섯은 편으로 썰어 볶고 베이컨은 작게 썰어 기름 없이 볶는다. 올리브는 링 모양으로 썬다.
3 식빵에 토마토소스를 바르고 볶은 양파, 베이컨, 모차렐라 치즈, 올리브 순으로 올린다.
4 180℃로 예열한 오븐에 15~20분간 굽거나 전자레인지에 돌린다.
5 잘 익은 아보카도는 먹기 좋은 크기로 썰어 발사믹 크림을 살짝 뿌린 다음 구운 버섯, 토마토와 함께 준비한다.

tip 발사믹 크림은 크림 형태라 샐러드나 아보카도 등에 간단히 뿌려 먹기 좋아요. 백화점 식품코너에서 구입할 수 있어요.

미니 피자가 있는 식탁
다양하게 만든 미니 피자들. 소시지와 올리브를 잘라 눈, 코, 입을 만들면 아이들이 좋아해요.

recipe

구운 야채와 달걀 프라이

감자, 파프리카, 토마토, 방울 양배추 등 냉장고에 있는 알록달록 야채를 먹기 좋게 잘라 오븐 또는 팬에 노릇하게 구워보세요. 베이컨과 달걀 프라이를 곁들이면 영양적으로도 훌륭한 한 끼 식사가 된답니다.

재료 감자(중간 크기) 2개, 베이컨 6장, 달걀 2개, 미니 파프리카·방울토마토·방울 양배추(생략 가능) 적당량씩, 버터 1큰술, 올리브오일 1큰술, 소금·파슬리가루 약간씩
드레싱 올리브오일 2큰술, 레몬즙 2큰술, 설탕·후춧가루 약간씩

1 감자는 껍질을 벗기고 먹기 좋은 크기로 자른다. 냄비에 감자가 잠길 만큼 물을 넣고 삶는다. 물이 적당히 줄었을 때 젓가락으로 찔러 익었는지 확인한다.
2 팬에 버터를 녹인 다음 삶은 감자를 살짝 굴려 버터를 입힌다.
3 2의 감자에 소금과 파슬리가루를 뿌려 버무린 다음 접시에 담는다.
4 바싹 익힌 베이컨과 달걀프라이를 감자와 함께 접시에 담는다.
5 나머지 야채는 먹기 좋은 크기로 잘라 올리브오일을 두른 팬에 노릇하게 굴리며 굽는다.
6 드레싱 재료를 섞어 먹기 전에 야채에 뿌린다. 감자는 토마토케첩에 찍어 먹어도 좋다.

노릇노릇 구운 야채가 있는 식탁

냉장고에 있는 야채로 샐러드를 만들어도 좋지만,
아이들은 버터를 녹여 구운 야채를 더 좋아하는 것 같아요.
피망, 버섯, 아스파라거스, 양파 등 다양한 야채를 구워보세요.

recipe   **아스파라거스 그라탱**

우리 집 식탁에 자주 등장하는 그라탱이에요. 후다닥 준비해서 식탁에 올리기 좋은 한 끼 식사 메뉴예요. 아스파라거스는 필러로 껍질을 벗겨서 요리하면 아이들도 먹기 좋은 부드러운 식감을 즐길 수 있어요.

재료 아스파라거스 3대, 양송이버섯 3개, 파프리카 1/2개, 베이컨 2장, 소금·후춧가루 약간씩, 버터 1큰술, 모차렐라 치즈 적당량, 생크림 1/2컵, 우유 1컵, 방울토마토 100g

1 오븐은 180℃로 예열한다.
2 필러로 아스파라거스의 껍질을 벗기고 3등분한다.
3 야채와 베이컨은 먹기 좋은 크기로 자른다.
4 버터를 두른 팬에 아스파라거스, 양송이버섯, 파프리카, 베이컨을 함께 볶는다.
5 아스파라거스만 다른 그릇에 덜어두고, 4의 팬에 우유를 넣고 끓이다가 소금과 후춧가루로 간한다.
6 **5**를 그라탱 용기에 담아 생크림을 잘 섞고 아스파라거스를 올린다. 모차렐라 치즈를 적당히 뿌린다.
7 **6**을 오븐에 넣어 10분간 익히고 쿠킹포일을 덮어 10분간 더 익힌다. 방울토마토 등 제철 과일과 함께 식탁에 올린다.

recipe

미니 주먹밥과 달걀탕

둘째인 찬율이가 다섯 살이 되어 유치원에 가더니 빨간 김치를 제법 먹기 시작했어요. 그래서 우리 집 밥상에는 김치가 빠지지 않아요. 주먹밥에도 물에 씻은 신 김치를 넣어봤는데, 역시 잘 먹네요. 주먹밥에 양파 장아찌와 달걀탕까지 곁들이면 든든한 한 끼 식사 완성!

재료 밥 1공기, 신 김치 2~3장, 당근·양파·피망·베이컨(또는 햄) 50g씩, 검은깨 1큰술, 소금 1작은술, 참기름 1큰술, 간장 1/2큰술, 올리브오일 적당량
달걀탕 달걀 2개, 송송 썬 대파 약간, 감자 1/2개, 소금 1작은술, 다시마물 200㎖, 청주 1/2큰술

1 신 김치는 물에 씻어 송송 썰고 당근, 양파, 피망, 베이컨도 잘게 다진다.
2 팬에 올리브오일을 두르고 야채를 재빨리 볶는다.
3 볼에 밥을 담고 소금과 참기름을 넣고 살짝 섞는다.
4 3의 밥에 볶은 야채와 김치, 검은깨를 넣어서 한입 크기로 동그랗게 빚는다.
5 달걀에 청주와 소금을 넣고 잘 풀어서 달걀물을 만든다. 다시마물이 끓어오르면 다시마는 건져내고 달걀물을 붓고 감자를 채 썰어 넣는다.
6 5가 익으면 잘 저어주고, 송송 썬 대파를 넣고 뚜껑을 덮는다. 약한 불에서 뭉근히 끓인다.

주먹밥 재료를 큰 접시에 담아줬더니 옹기종기 앉아 채소와 과일로 그림을 그리고 있어요. 엄마가 요리하는 동안 아이들은 재미있게 놀 수 있으니 좋아요.

아이들 소풍 도시락으로 준비한 주먹밥이에요. 김으로 눈, 코, 입을 만들어 붙였더니 유치원 친구들과도 너무 재밌어서 깔깔 웃으며 먹었다고 하네요.

recipe

감자 팬케이크

감자는 다양한 요리를 할 수 있는 고마운 재료예요. 바쁜 아침 시간에 빠르게 준비할 수 있는 감자 팬케이크가 오늘 식탁의 주인공이에요. 간단한 아침 식사로도, 간식으로도 제격이에요.

재료 감자(큰 것) 2개, 당근 1/4개(생략 가능), 밀가루 2큰술, 크림치즈 2큰술, 파슬리가루 2큰술, 올리브오일 · 토마토케첩 적당량씩, 소금 1/2작은술, 후춧가루 약간

1 감자는 껍질을 벗겨 소금물에 푹 쪄서 한 김 식힌다.
2 당근은 잘게 다진다.
3 으깬 감자에 크림치즈, 파슬리가루, 당근, 밀가루를 넣어 살살 반죽하고 소금과 후춧가루로 간한다.
4 감자 반죽을 손바닥 크기로 동글납작하게 빚는다. 올리브오일을 두른 팬에 앞뒤로 노릇하게 굽는다.
5 토마토케첩을 뿌려줘도 좋다. 소시지나 베이컨, 과일 등을 함께 식탁에 올린다.

recipe　　　**캐릭터 팬케이크**

태윤이가 팬케이크를 좋아해서 자주 만들어 달라고 해요. 팬케이크 위에 갖가지 토핑을 올리거나 슈거 파우더를 뿌리다 재밌는 생각이 떠올랐어요. 두꺼운 종이로 진저브레드맨, 바바파파, 무민, 스파이더맨 등 아이들이 좋아하는 캐릭터를 그려 칼로 오린 다음 팬케이크 위에 종이를 올리고 슈거 파우더를 뿌리는 거예요. 아이들이 너무 좋아해서 새로운 그림을 개발하느라 엄마는 또 바쁘답니다.

재료 중력분 180g, 베이킹파우더 1과1/2큰술, 버터 20g, 달걀 2개, 우유 150ml, 설탕 2큰술, 소금·슈거 파우더 약간씩, 메이플 시럽 적당량

1　밀가루와 베이킹파우더를 섞어 체에 내린다.
2　버터는 전자레인지에 살짝 돌려 녹인다.
3　볼에 달걀, 우유, 설탕, 소금, 버터를 넣고 잘 섞는다.
4　3에 1을 넣고 골고루 섞는다. 이때 너무 오래 반죽하면 끈기가 생기니 재빨리 섞는다.
5　팬에 올리브오일을 둘러 살짝 데운 후 키친타월로 기름을 닦아낸다.
6　반죽을 한 국자 떠서 약한 불로 굽는다. 윗면에 기포가 전체적으로 생기면 뒤집어서 굽는다.
7　접시에 팬케이크를 담은 다음, 캐릭터 종이를 올리고 슈거 파우더를 뿌려 장식한다.
8　먹기 전에 버터를 올리거나 과일을 토핑하고 메이플 시럽을 뿌린다.

tip 재료를 준비하는 게 번거로울 때는 팬케이크 믹스를 사용해보세요. 초록마을, 한살림 등 친환경 매장에서 건강한 재료로 만든 팬케이크 믹스를 판매해요.

조금 두꺼운 종이를 준비해서 귀여운 캐릭터를 그리고 가위와 칼로 잘라내면 완성. 책 뒤쪽에는 제가 직접 그린 팬케이크 캐릭터 도안이 있으니 참고해서 만들어보세요.

recipe

토마토 시금치 프리타타

프리타타 Frittata는 달걀물에 각종 야채, 고기, 치즈 등을 섞어서 만드는 이탈리아식 오믈렛이에요. 저는 그날그날 냉장고에 있는 재료로 만들곤 해요. 달걀은 만만한 식재료지만 늘 먹는 달걀 프라이나 오믈렛이 지겨울 때도 있잖아요. 달걀을 색다르게 활용하는 방법이에요.

재료 시금치 1줌, 양파 1/3개, 토마토(작은 것) 1개, 달걀 5개, 올리브오일 적당량, 생크림 3큰술, 소금·후춧가루 약간씩, 파르메산 치즈가루 1큰술, 모차렐라 치즈 적당량

1 시금치는 뿌리를 자르고 반으로 자른다. 토마토도 씻어서 웨지 모양으로 6등분한다.
2 볼에 달걀을 풀어 생크림, 파르메산 치즈가루, 모차렐라 치즈를 넣고 잘 섞는다. 소금과 후춧가루로 간한다.
3 달군 팬에 올리브오일을 두르고 채 썬 양파를 노릇하게 볶다가 시금치를 넣어 재빨리 휘리릭 볶는다.
4 **3**의 재료를 그릇에 덜어 식힌 다음 **2**의 달걀물을 붓고 살짝 저어 섞는다.
5 오븐 용기에 올리브오일을 바르고 **4**를 넣은 다음 토마토를 가운데에 모양 내서 올린다. 모차렐라 치즈를 살짝 뿌려서 175℃로 예열한 오븐에서 15분 정도 굽는다.
6 당도가 높은 미니 사과 등 제철 과일와 함께 식탁에 올린다.

recipe

고구마 프리타타

고구마를 이용한 프리타타예요. 이름만 거창할 뿐 만드는 방법은 아주 쉽고 간단하니 한번 도전해보세요. 치즈, 고구마, 달걀, 우유까지 먹을 수 있어 배도 든든하고 우리 아이들이 맘껏 뛰어놀 수 있는 에너지도 공급하는 고마운 음식이에요.

재료 고구마 1/2개, 양파 1/2개, 베이컨 3장, 식빵 1/2장, 달걀 3개, 우유 100ml, 파르메산 치즈가루 1큰술, 소금·후춧가루 약간씩

1 고구마는 깍둑썰기하고 표면에 물을 약간 묻혀 전자레인지에서 3분 정도 익힌다.
2 달걀에 우유, 파르메산 치즈가루를 넣고 섞은 다음 소금과 후춧가루로 간한다. 식빵을 썰어 넣는대(우유는 적당히 걸쭉하도록 가감한다).
3 양파와 베이컨은 먹기 좋은 크기로 잘라 팬에 노릇하게 볶는다.
4 3의 팬에 고구마와 2의 달걀물을 넣고 중간 불에서 저어가며 익히다 뚜껑을 덮어 약한 불에서 5분 정도 익힌다. 앞쪽의 토마토 시금치 프리타타처럼 오븐팬에 담아 175℃로 예열한 오븐에서 20~25분 정도 익혀도 좋다.

recipe

미니 햄버거

소고기와 돼지고기 간 것을 섞어 미리 고기 패티를 준비해두면 언제라도 다양한 요리에 활용할 수 있어서 편리해요. 미니 햄버거나 미트볼 파스타로 즐기기도 하고, 패티에 달걀 프라이를 올려서 밥과 함께 내면 유명 카페가 부럽지 않은 햄버그 스테이크로도 즐길 수 있죠.

햄버거 패티 만들기
재료 소고기 간 것 200g, 돼지고기 간 것 200g, 양파 1개, 달걀 1개, 다진 마늘 1큰술, 빵가루 1컵, 청주 1큰술, 소금·후춧가루 약간씩

1 소고기와 돼지고기 간 것을 큰 볼에 담고 양파를 다져 넣는다.
2 달걀 1개를 넣고 다진 마늘, 빵가루, 청주, 소금, 후춧가루를 넣어 반죽한다.
3 비닐장갑을 끼고 한동안 꾹꾹 눌러가며 치댄다.
4 볼에 랩을 씌워 냉장고에서 1시간 이상 숙성시킨다.
5 숙성시킨 반죽을 햄버거빵 크기에 맞게 둥글납작하게 빚는다.
6 패티를 비닐랩으로 하나씩 싸서 용기에 차곡차곡 담아 냉동 보관한다.

미니 햄버거 만들기
재료 모닝빵 4개, 양상추 4장, 양파 1개, 방울 양배추 10개, 샌드위치용 고다 치즈 4장, 토마토 1/2개, 버터 · 발사믹 크림 · 토마토케첩 약간씩

1 모닝빵은 반으로 갈라 버터를 두른 팬에 살짝 굽는다.
2 양상추는 흐르는 물에 씻어 물기를 제거한다. 토마토는 얇게 슬라이스한다.
3 패티는 오일을 두른 팬에 앞뒤로 노릇하게 속까지 충분히 굽는다.
4 방울 양배추는 끓는 물에 데쳐서 팬에 볶고 양파도 채 썰어 볶는다.
5 모닝빵에 양상추, 패티, 토마토, 치즈를 올리고 토마토케첩을 뿌린 다음 남은 빵으로 덮는다.

집에서 즐기는 햄버그 스테이크

요즘 인기 있는 음식점에서는 햄버그 스테이크가 메뉴에 꼭 등장한다죠?
집에서도 맛있는 햄버그 스테이크를 즐길 수 있답니다.
구운 고기 패티에 슬라이스 치즈 한 장과 달걀을 올리고
매시트포테이토와 야채 샐러드를 함께 플레이팅하면 레스토랑 못지않게 멋진 햄버그 스테이크 완성!

recipe

아보카도 베이컨 롤

사실 저도 아보카도를 잘 먹지 않았어요. 그런데 한 번 두 번 먹다 보니 묘하게 중독이 되더라고요. 오늘 준비한 아보카도와 베이컨은 정말 환상적인 맛을 선사해요. 베이컨을 잘 익은 아보카도에 돌돌 감아 구운 다음 소스를 뿌리거나, 베이컨을 구워서 잘게 다진 다음 아보카도 위에 뿌려보세요. 정말 간단하지만 아이들이 잘 먹는 기특한 메뉴랍니다.

재료 아보카도 1개, 베이컨 8장
소스 마요네즈 2큰술, 레몬즙 1큰술, 생크림 1큰술, 매실액 1큰술, 다진 피클 1큰술, 소금 1/2작은술, 후춧가루 약간

1 잘 익은 아보카도는 반으로 잘라 씨를 제거하고 껍질을 벗겨 길게 자른다.
2 베이컨으로 아보카도를 돌돌 말아 팬에 앞뒤로 노릇하게 굽는다.
3 접시에 소스 재료를 섞어서 아보카도 베이컨 롤과 함께 담는다.

recipe

스크램블 에그와 바게트

시간이 없을 때 초스피드로 준비하는 아침 식사예요. 버터를 두른 팬에 휘휘 저어 만드는 맛있는 스크램블 에그와 빵이에요. 요거트에 견과류나 블루베리를 듬뿍 올려 곁들이면 그럴듯한 브런치 테이블 같아요.

재료 달걀 3개, 버터 1큰술, 우유 2큰술, 파슬리가루 · 소금 · 후춧가루 약간씩, 블랙 올리브 · 그린 올리브 4개씩, 바게트 적당량

1 달걀에 우유, 소금, 후춧가루를 넣고 잘 섞는다.
2 팬에 버터를 골고루 바르고 1의 달걀물을 부어 나무 젓가락으로 저어가며 볶는다.
3 달걀이 60% 정도 익었을 때 불을 끈다.
4 접시에 살짝 구운 바게트와 스크램블 에그를 담고 슬라이스한 올리브를 뿌린다(치즈가루를 뿌려도 좋다).
5 요거트에 견과류와 블루베리를 듬뿍 얹어 식탁에 낸다.

스크램블 에그가 있는 식탁

달걀이 없었으면 아침에 차릴 수 있는 메뉴가 반으로 줄었을 거예요.
호텔 조식에도 꼭 등장하는 스크램블 에그! 빵이나 과일과 함께 준비해서 영양의 균형을 맞춰보세요.

recipe

네 가지 색 경단밥

밥상이 알록달록하면 눈이 먼저 즐거워요. 되도록 아이들 밥상은 색감이 풍부하고 예쁘게 준비하려고 노력해요. 주먹밥에 고운 색깔 옷을 입혔더니 아이들이 보는 순간 환호하네요. 엄마들은 이런 맛에 요리하는 거겠죠.

재료 밥 1과1/2공기, 다진 소고기 50g, 피망 1/2개, 양파 1/2개, 참기름 1큰술, 소금 약간
소고기 밑간 간장 1큰술, 설탕 1작은술, 청주 1작은술
색깔 옷 검은깨 4큰술, 당근 1/3개, 브로콜리 1/4송이, 삶은 달걀노른자 2개분

1 소고기는 밑간해서 10분 정도 재운 다음 달군 팬에 젓가락으로 저어가며 볶는다.
2 피망과 양파를 다져서 각각 팬에 볶는다.
3 볼에 밥, 참기름, 소금을 넣어 골고루 섞은 다음 볶은 소고기, 피망, 양파를 넣고 섞는다.
4 주먹밥을 한입 크기로 동글동글하게 빚는다.
5 색깔 옷의 재료를 준비한다. 당근은 잘게 다져 볶고, 브로콜리는 살짝 데쳐서 꽃송이만 잘게 다진다. 삶은 달걀노른자는 곱게 으깨고 검은깨도 준비한다.
6 주먹밥에 각각의 색깔 옷을 입히고 접시에 가지런히 담는다.

recipe   **두 가지 타입의 오픈 샌드위치**

달콤한 망고와 잘 익은 아보카도, 싱싱한 새우까지…. 빵 위에 갖가지 재료를 올리면 마치 잡지에 나오는 푸드 화보 같아요. 먹기 아까울 만큼 그럴듯한 식탁이 차려지니, 주말의 특별한 브런치 메뉴로 준비해보세요.

재료 식빵 3장, 망고 1개, 아보카도 1/2개, 새우(중간 크기) 6마리, 양파 1/3개, 크림치즈 5큰술, 레몬즙 · 민트 잎 · 버터 · 발사믹 크림 약간씩

1 식빵은 살짝 구워서 4등분한다.
2 아보카도와 망고는 껍질을 벗기고 씨를 빼서 주사위 모양으로 썬다.
3 망고 씨에 붙은 과육을 벗겨서 크림치즈에 섞은 다음 레몬즙을 살짝 뿌려 한 번 더 섞는다.
4 양파는 채 썰어 버터를 두른 팬에 볶는다. 양파를 덜어내고 그 팬에 새우를 볶는다.
5 구운 식빵의 반에는 **3**의 망고 크림치즈를 바른다. 망고와 아보카도를 올리고 민트 잎으로 장식한다.
6 나머지 구운 식빵에는 볶은 양파와 새우를 올리고 발사믹 크림을 뿌린다.

recipe

감자 소시지 버터구이

포실포실한 감자는 그냥 먹어도 훌륭하지만 버터에 구워도 정말 맛있죠. 감자와 단호박, 소시지를 버터에 함께 구워 식탁에 올려보세요. 과일과 요거트가 빠지면 섭섭하지요.

재료 감자 2개, 단호박 1/5개, 미니 소시지 6개, 시금치(또는 바질 잎이나 샐러드 야채) 5~6장, 버터 2큰술, 그라나파다노 치즈(또는 파르메산 치즈가루) 적당량, 소금 · 후춧가루 · 파슬리가루 약간씩

1 감자는 껍질을 벗겨 웨지 모양으로 썰어 끓는 물에 살짝 데친다.
2 단호박은 두껍지 않게 적당한 크기로 썬다. 미리 전자레인지에 돌려 살짝 익혀도 좋다.
3 시금치는 흐르는 물에 씻고 소시지는 칼집을 넣는다.
4 팬을 달궈 버터를 두르고 감자와 단호박을 노릇하게 익힌다. 소금과 후춧가루로 간한 다음 소시지를 넣는다.
5 거의 익을 무렵 시금치를 넣고 파슬리가루를 뿌려 휘리릭 젓는다.
6 그릇에 담고 그라나파다노 치즈를 갈아 뿌린다.

recipe   **브로콜리 수프와 제철 과일**

아침에는 간단한 수프만큼 좋은 메뉴가 없어서 단호박 수프나 브로콜리 수프를 즐겨 만들어요. 신선한 연녹색 수프와 함께 제철 과일, 건강한 빵을 함께 먹으면 더 좋죠. 정말 간단하게 만들 수 있는 레시피예요.

재료 브로콜리 1작은송이, 생크림 250ml, 우유 100ml, 소금 1/2작은술, 파르메산 치즈가루 2큰술

1 브로콜리는 소금물에 데쳐서 잘게 썬다.
2 믹서에 데친 브로콜리와 우유를 부어 간다.
3 냄비에 **2**의 브로콜리를 부은 후 생크림을 넣고 약한 불에서 저어가며 끓인다.
4 파르메산 치즈가루를 넣고 소금으로 간한 다음 살짝 휘저어 불을 끈다.
5 제철 과일이나 빵과 함께 식탁에 낸다.

recipe

버섯 갈릭 볶음밥

두 가지 버섯과 마늘, 옥수수, 당근 등을 넣어 만든 볶음밥입니다. 매일 아이들의 메뉴를 고민하다가 제일 만만하게 선택하는 것이 볶음밥 아닐까요. 저도 마땅한 반찬이 생각나지 않을 때 볶음밥을 해요. 야채를 잘 먹지 않는 아이들도 볶음밥에 잘게 다져 넣으면 그래도 좀 먹는다고 하잖아요. 곁들이는 음식에 따라 훌륭한 저녁 식사가 될 수도 있고 간단한 아침 메뉴가 될 수도 있어요.

재료 밥 2공기, 표고버섯 4개, 양송이버섯 4개, 마늘 5쪽, 옥수수알 4큰술, 양파 1/2개, 당근 1/3개, 간장 2큰술, 굴 소스 1큰술, 소금·후춧가루·파슬리가루 약간씩

1. 버섯, 양파, 당근은 0.5cm 크기의 주사위 모양으로 작게 썬다(너무 작게 다지는 것보다 이 정도 크기가 식감이 살아 있어 더 맛있다).
2. 마늘은 편으로 썬다.
3. 기름을 두른 팬에 마늘을 볶다가 당근, 양파, 버섯 순으로 넣어 볶는다.
4. 3에 밥을 넣어 볶다가 굴 소스, 소금, 후춧가루를 넣고 휘리릭 볶는다. 마지막에 옥수수알도 넣고 파슬리가루도 솔솔 뿌려준다.
5. 제철 과일, 감자튀김과 함께 식탁에 낸다.

plus recipe　　바삭바삭 감자튀김 만드는 법

1 감자를 적당한 굵기로 썰어 찬물에 30분 이상 담가 전분기를 뺀다.
2 키친타월로 물기를 제거한다.
3 기름에 노르스름해지도록 한 번 튀기고, 완전히 식힌 다음 다시 한 번 4~5 분가량 노릇하게 튀긴다.
4 감자가 서로 달라붙지 않게 튀기고 기름기를 충분히 뺀 다음 소금을 살짝 뿌린다.

볶음밥이 있는 식탁

당근, 버섯, 파프리카, 파인애플, 소시지 등을 구워 꼬치에 꽂은 다음 볶음밥과 함께 내는 건 어떨까요? 하나씩 쏙쏙 빼 먹는 재미 덕분에 야채를 잘 먹지 않는 아이들도 좋아할 거예요.

recipe

동글동글 감자 크로켓

아이들이 유치원에서 돌아오면 가끔 만들어주는 감자 크로켓은 뜨끈할 때 먹으면 너무 맛있어요. 간단한 식사로도 충분한 메뉴인 것 같고요. 크로켓의 속 재료는 기호에 따라 다양하게 넣을 수 있으니 입맛에 따라 요리해보세요.

재료 감자(큰 것) 1개, 달걀 1개, 당근 약간, 브로콜리 5작은송이, 모차렐라 치즈(또는 스틱 치즈) 적당량, 소금 · 파슬리가루 약간씩, 튀김가루 · 빵가루 · 튀김기름 적당량씩

1 감자는 잘 쪄서 껍질을 벗긴 다음 뜨거울 때 부드럽게 으깬다.
2 데친 브로콜리와 당근은 잘게 썬다.
3 볼에 으깬 감자와 **2**의 야채를 넣고 소금 간을 약간 한다.
4 **3**을 적당한 크기로 동글동글하게 빚은 다음 가운데를 눌러 치즈를 넣는다.
5 달걀은 잘 풀고, 빵가루에는 파슬리가루를 넣어 섞는다.
6 감자에 튀김가루, 달걀물, 빵가루 순으로 튀김옷을 입힌 다음 튀김기름에 바삭하게 튀긴다.

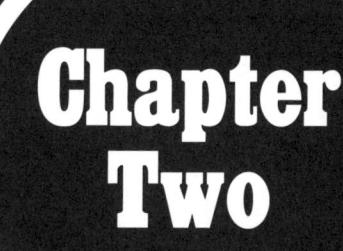

Chapter Two

엄마의 일상 스케치

intro

엄마의 조금 특별한 하루

한창 엄마 손이 필요한 아이를 둔 엄마에게는 평범한 일상을 특별하게 산다는 것이 욕심 같기도 하고, 어려운 일처럼 느껴질지도 몰라요. 저 역시 하루가 어떻게 지나가는지 모를 정도로 정신없고 바쁠 때가 많지만 언젠가부터 하루 중 몇 시간만이라도 온전히 나 자신에게 몰두하는 시간이 필요하다는 것을 깨달았어요. 육아에 쫓겨 '나'를 잃어버리면 안 되겠다는 생각을 했거든요.

아이들 밥상을 차려주는 것이 행복하고, 아이들을 데리고 나들이하는 것도 즐겁지만 때론 제가 너무 좋아하는 리넨, 꽃, 캔들, 심플한 커트러리와 그릇으로 테이블을 세팅하고, 멋진 숍이 있는 곳을 친구들과 함께 산책하고, 인상적인 순간을 사진으로 남겨도 봅니다. 이런 시간이 제 일상을 조금은 특별하게, 또 행복하게 만들어주는 것 같아요.

아이들이 유치원에 가면 커피 한잔부터 내려요. 간단한 아침 식사를 즐기기도 하고 주말에는 브런치를 준비하기도 합니다. 그럴 때마다 가장 먼저 하는 일은 리넨 테이블 매트를 펼치는 거예요. 리넨만 펼치면 어떤 음식을 올려도 멋스럽고 맛있게 보이거든요. 리넨 특유의 내추럴하고 여유로운 느낌을 좋아하면서부터 제 옷이나 가방, 아이들의 옷도 리넨으로 만든 것을 선호하게 되었어요.

제가 테이블 매트로 사용하는 리넨은 도쿄나 파리, 런던을 여행할 때 사온 것도 있고 온라인이나 오프라인 숍에서 구입하거나 선물 받은 것도 있어요. 도쿄는 특히 리넨 제품의 천국이에요. 파리는 마레 지구의 '트레조리 La Tresorerie'에 가면 멋진 리넨이나 인테리어 소품을 구경할 수 있어요. 파리의 여러 백화점에도 멋스러운 리넨 제품이 넘쳐났던 기억이 나네요.

꽃시장에 가는 것도 참 좋아해요. 뽀얀 작약, 하얀 튤립, 미니 장미… 모두 사랑스럽고 아름다워요. 혼자 꽃시장에 가기도 하고, 아이들과 함께 가서 꽃을 구경시켜주기도 하지요. 꽃이 비싸고 실용적이지 못하다고 생각하는 분이 많은데, 일단 꽃시장에 가보세요. 생각보다 싸고 예쁜 꽃이 너무 많거든요. 커피 한잔, 밥 한 끼 비용으로 살 수 있는 꽃이 가득해요. 꽃은 일상에서 신선한 자극이 되고 마음의 위안을 주기도 합니다. 그런 기쁨은 돈으로 환산할 수 없다고 생각해요.

가족들의 식사 시간에도 꽃을 올려보세요. 새로운 것에 민감한 아이들은 식탁에 앉자마자 꽃 이름을 물어보고 모양이나 색에 관심을 보이며 즐거워해요. 봄, 여름, 가을, 겨울… 계절의 변화를 식탁에서도 느낄 수 있는 좋은 방법이라고 생각해요.

요리를 좋아하면 요리에 필요한 살림살이도 함께 늘기 마련이죠. 저도 점점 늘어나는 그릇과 커트러리 때문에 그릇장을 따로 마련해야 할 정도랍니다. 제가 모은 그릇이나 커트러리는 값비싼 것은 아니지만 하나하나 개성 있고 매력이 넘치는 것들이에요. 평소 좋아하는 브랜드의 세일 기간을 이용하거나 빈티지 마켓에서 조금씩 장만한 것들이지요.

그날그날 메뉴에 따라 어떤 그릇에 음식을 담을지 고민하는 것이 너무 행복해요. 음식의 분위기나 컬러에 맞춰 그릇과 커트러리를 매치하는 건 마치 그림을 그리는 일과 비슷한 것 같아요. 저만의 스타일로 식탁 위에 멋진 그림을 그려 나가는 거죠.

엄마라고 해서 자신이 좋아하는 것들을 포기할 필요는 없다고 생각해요. 조금 더 부지런하게, 조금 더 욕심을 낸다면 삶의 에너지와 활력을 얻을 수 있는 것들이 주변에 충분히 많다고 생각해요.

사진으로 남긴 일상 풍경

꽃과 커피가 있는 오후

이런 색감의 장미는 처음이라 셔터를 누르지 않을 수 없어요.
자연스럽게 빛바랜 느낌의 장미와 나른한 오후가 좋은 친구처럼 잘 어울려요.

Joy in the Morning

꽃병에 연둣빛 리시안서스와 이름 모를 초록 잎사귀를 함께 꽂았어요.
제 기분도 연둣빛으로 물드는 느낌이랄까요. 따끈한 홍차도, 거품 가득한 커피도 마시고 싶어
두 잔을 함께 준비하고, 좋아하는 책과 잡지를 펼치는 아침의 행복.

묵직한 검은색 도기 티포트는 화소반 제품. 'Prends le temps'라고 적힌 귀여운 테이블 매트는
15구(www.15e.co.kr)에서 구입. 테이블 위의 책은 〈매거진 B〉.

초록 유칼립투스

햇살 잘 드는 거실 한 켠.
화병에는 꽃 대신 초록 유칼립투스를 꽂았어요.
싱그러운 초록빛을 바라보니 눈도 마음도 맑아지는 느낌이에요.
꽃만 예쁜 줄 알았는데, 초록 식물도 은근한 매력이 있네요.

오늘의 꽃

꽃시장에 가는 날은 마음이 설레요. 오늘은 또 어떤 꽃들이 나를 기쁘게 해줄지 기대되니까요. 꽃시장에 갈 때마다 그날 유독 빛이 나는 꽃이 있어요. 그 넓은 꽃시장에서 한눈에 반해 데려올 수밖에 없는 꽃을 늘 만난다는 게 참 신기해요. 몽글몽글 하얀 치즈덩어리 같은 작약과 보기 드문 레몬빛 카타리나 장미가 운명처럼 만난 오늘의 주인공이랍니다.

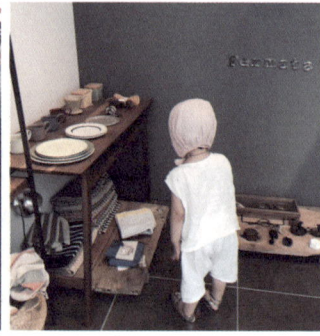

생일 축하해 꽃다발

친구 생일에 건네고 싶어 이른 아침 꽃시장에 갔어요. 핑크 작약과 연한 연둣빛 리시안서스 한 다발을 보는 순간 마음을 빼앗겼어요. 제 마음을 훔친 것처럼 친구의 마음도 사로잡을 수 있겠죠?

사진 속 에코백은 아폴리스 Apolis 백.

한남동 데이트

현대카드 뮤직 라이브러리와 페르마타 La Fermatasms 숍에 찬율이와 함께 나들이를 갔어요. 한남동의 페르마타는 친절한 부부가 운영하는 편집 숍으로 해외에서 들여온 다양한 의류와 소품을 만날 수 있는 보물 같은 곳이에요. 비탈진 길도 끄떡없이 따라와 준 꼬마 덕분에 이날의 데이트는 성공적이었답니다.

1 제가 너무 좋아하는 보송보송한 리넨 원피스를 입은 어느 날. 화려한 색감보다 화이트, 베이지, 그레이, 블랙 등 은은하고 한결같은 색감이 점점 좋아져요. 시간의 흐름에 순응할 줄 아는 어른이 되어간다는 증거일지도 몰라요.

2 저에게 휴식 같은 커피 그리고 친구들.

3 작은 팔로 꼭 안은 핑크 작약 한 다발만큼이나 사랑스러운 태윤이. 남자아이가 곱게 차려입었다고 칭찬해주시는 꽃시장 어르신들 때문에 고개를 못 들던 수줍은 일곱 살 소년. 부디 꽃을 좋아하지는 않아도 엄마와의 꽃시장 나들이는 좋아하는 아들로 자라주길 바라며.

4 우리는 두 손을 꼭 잡고 어디든 함께 갈 준비가 된 사이. 가끔은 너무 해맑아서 엄마를 당황하게 만드는 찬율이와 미술관 데이트를 하던 날.

이태원 산책

이태원역 3번 출구로 나와 안쪽 골목으로 쭉 내려가다 보면 만날 수 있는 빈티지 앤티크 숍들. 파리의 어느 뒷골목을 걷는 듯한 기분으로 씩씩하게 산책을 하던 날. 낡고 오래된 것들을 만나다 보면 삶에 대한 욕심과 조바심을 조금은 버릴 수 있을 것 같아요.

Pink Peonies

겨울을 참을성 있게 기다리면 6월에 어여쁜 작약을 만날 수 있어요.
봄에만 짧게 만날 수 있기에 더욱 매력적인 꽃, 작약. 오늘은 어떤 색으로 고를까 고민하다
연한 핑크빛으로 선택했어요. 그레이빛 리넨 테이블보에 올려두니 너무 포근한 느낌이에요.
참, 작약의 꽃말이 '수줍음'이라는 거, 아시나요?

브라운 시약병은 고속버스터미널 꽃시장 3층에서 구입. 크기별로 다양한 시약병이 있으며 가격은 작은 사이즈
4천 원부터.

White & Violet

흰색 작약은 언제나 청순하고 아름답죠.
오늘 꽃시장에서는 작약과 함께 보랏빛 리시안서스에 반해버렸어요.
가격까지 착한 리시안서스, 마음을 빼앗길 만큼 사랑스러워요.

화이트 마블 트레이는 허시리즈 HER series(www.herseries.kr) 제품.
숫자가 적힌 캔들은 인공향료, 인공색소, 방부제 없이 만드는 호주 브랜드 레보보 Les Bobo 제품.
해골 캔들은 동탄 킨다블루 카페에서 구입.

화소반 나들이

자꾸만 가고 싶은 그릇 가게, 화소반. 커다란 가마에서 막 구워져 나오는 그릇들을 볼 수 있고, 열심히 물레를 돌리는 모습도 볼 수 있어요. 지하는 아름다운 그릇을 전시한 공간으로 원 없이 제가 좋아하는 그릇들을 구경할 수 있어 너무 행복해요.

리넨이 제일 좋아

마음에 드는 리넨 가방 앞에서는 사탕을 두 손 가득 쥔 어린아이처럼 어쩔 줄 몰라 하는 제 자신을 발견해요. 계속 욕심을 부리고 싶은 게 명품 백이 아니라서 얼마나 다행인지 몰라요.

도쿄 여행의 기억

도쿄 여행에서 돌아온 지 며칠 지나지 않은 어느 날,
남편과 티타임을 가지며 도쿄 오모테산도의 캐러멜 가게에서 구입한
캐러멜을 꺼냈어요. 하얀 포장지 위에 no.1, no.2….
번호가 적혀 있는 캐러멜 중에서도 no.2 솔트 맛이 특히 기억에 남아요.

친정엄마를 위한 타르트

엄마의 생신에 예쁜 케이크를 구워드리고 싶었어요.
블루베리와 산딸기를 가득 올린 타르트는 제가 봐도 제법 예뻐요.
찰칵 사진으로 남기고 있으려니, 어느새 찬율이가 다가와
"엄마, 너무 멋져요!"라고 말해주네요.

Moomin & Friends

주말에 아이들과 함께 구운 귀여운 쿠키.
함께 쿠키 커터로 반죽을 꾹 눌러 찍었던 순간을 떠올리며
아이들 생각에 미소짓는 시간.

Lovely Mille-feuille

너무 단 음식은 좋아하지 않지만
기분이 울적하거나 기운이 없을 때는 단맛의 힘이 필요해요.
바삭하고 달콤한 밀푀유 한 조각의 위로!

너무 맛있는 밀푀유와 마들렌을 만날 수 있는 베이커리_방배동 메종엠오(서울시 서초구 방배동 876-41).

리넨과 커피

아이들이 집에 오기 전 밀린 집안일을 하고 빨래를 개는 시간,
바삭바삭 햇살 냄새가 나는 자연스러운 구김의 리넨을 차곡차곡 바구니에 담고
거품 가득한 커피로 피로를 달래요.

비스킷에 발라 먹는 맛있는 시나몬 꿀은 경리단길의 꿀 전문점, 허니스트에서 구입.

책을 통해 떠나는 여행

꽃, 커피, 초콜릿, 캔들, 런던의 핫 플레이스가 소개된 잡지 〈시리얼 CEREAL〉.
여행은 때로는 책으로만 떠나도 좋다는 사실.

Blueberry Tart

기대했던 것보다 잘 구워진 블루베리 타르트를 한참 바라봤어요.
모든 일이 이 타르트처럼 바라는 대로 딱 맞아떨어진다면 얼마나 좋을까요.
타르트를 굽듯 살짝 긴장되면서도 설레는 하루를 기대하며….

사각 접시는 앤 블랙 Anne Black 제품으로 담다(www.dam-da.com)에서 구입.

커피와 크루아상

커피만큼 크루아상도 너무 좋아해요. 척 보면 어느 가게 크루아상인지 알 수 있는 정도랍니다.
곤트란 쉐리에가 서래마을에 오픈한다는 소식에 얼마나 설레었는지 몰라요.
버터를 살짝 바른 크루아상에 갓 내린 아메리카노 한잔이면 너무 행복해요.

스트라이프 리넨 매트는 파리 트레조리 La Tresorerie 매장에서 구입.
유리 볼은 밀테이블(meal-table.com) 제품.

Map of the Paris

2014년 10월, 태윤이와 둘만의 파리 여행을 준비했던 기억.
아이와 함께하는 여행이라서 얼마나 많이 공부했는지 몰라요.
파리 지도를 보니 그때의 추억이 떠오르네요.

버섯 모양의 우드 트레이는 하우스 오브 림 House of Rym 제품.
옐로 머그는 도쿄 키테 Kitte에서 구입.

부부의 티타임

엄마 손길이 한창 필요한 두 아들을 키우다 보니
남편에게 조금 소홀해진 것 같아요.
가끔 함께 차를 마시며 이런저런 이야기를 나누는 시간이 필요해요.

티포트와 찻잔은 하우스 오브 림 제품으로 로쏘꼬모(www.rossocomo.com)에서 구입.
향이 좋은 티는 벨로크 티 제품.
테이블 매트는 봄봄데코(www.bombomdeco.com)에서 구입.

Simple is the Best

어떤 날은 복잡한 요리가 하기 싫을 때도 있잖아요.
이날은 달걀만 삶아서 예쁘게 썰어놨어요.
래디시와 신선한 토마토도 함께요.
래디시는 가끔 매울 때도 있지만 무척이나 아삭아삭해서 아이들도 잘 먹어요.
샐러드에 곁들여도 상큼하고요.

폭신폭신 팬케이크

도쿄 하라주쿠에서 빌즈 Bills라는 브런치 카페에 간 적이 있어요. 팬케이크가 맛있기로
유명한 곳이에요. 우리나라에도 얼마 전 오픈해서 리코타 치즈 팬케이크를 먹어본 적이 있어요.
얼마나 폭신폭신 부드러운지 입이 즐거운 시간이었죠. 빌즈의 팬케이크까지는 아니라도
집에서도 맛있는 팬케이크를 만들어 아이들과 함께 먹어요.

하늘빛 테두리 접시는 빌튼즈 Biltons 제품으로 코끼리상사(www.theelephanttrade.com)에서 구입.
화이트 접시와 골드 커트러리는 하우스 닥터 House Doctor 제품으로 에잇컬러스(www.8colors.co.kr)에서 구입.
Bonjour 매트는 15구(www.15e.co.kr)에서 구입.

I love Pumpkin Soup

입맛이 없을 때 준비하는 달콤한 단호박 수프.
마음까지 따뜻해지는 느낌이랄까요.
단호박 수프에 찍어 먹을 빵도 준비하면 아이들 한 끼 식사로도 충분해요.
단호박 수프에는 생크림을 한 스푼 올리고 파슬리가루도 솔솔 뿌려요.
모닝 로즈 티와 함께 향기로운 브런치 테이블 완성!

우드 스푼은 도쿄 다이칸야마의 편집 숍에서 구입.

오늘의 주인공은 감자

빵과 과일이 주인공 같지만 오늘의 메인 요리는 감자 샐러드예요.
포실포실한 감자에 아삭한 오이만 넣어도 빵에 쓱 발라 먹기 좋아요.
감자 샐러드에 생크림을 넣으면 더욱 부드럽고 맛있어요.

Hot Sandwich

언젠가 〈뽀빠이 Popeye〉 잡지에서 도쿄 샌드위치에 대한 기사를 본 적이 있어요.
다양한 재료를 사용해 다채로운 맛을 낸 샌드위치를 보고
그날 아침, 망설임 없이 뜨거운 샌드위치를 만들었어요.
양파와 버섯을 발사믹 소스에 볶아 속을 채운 샌드위치.
소고기를 구워서 함께 넣어도 너무 맛있었어요.

커트러리는 스튜디오 엠 Studio M 제품으로 호시노앤쿠키스(www.hosino.co.kr)에서 구입.

Morning Apple

특별한 메뉴가 없을 때 아침상에 자주 올라오는 사과.
계절마다 즐길 수 있는 다양한 사과가 있어서 참 좋아요.
저와 아이들은 초록빛이 싱그러운 아오리 사과를 특히 좋아한답니다.

법랑 트레이는 루밍(www.rooming.co.kr)에서 구입.
체크 리넨 매트는 피프티팟(ffiftypot.com)에서 구입
알파벳 커트러리는 디자인 레터스 Design Letters 제품으로 에잇컬러스(www.8colors.co.kr)에서 구입.

My Little Things

크고 화려하지 않아도 충분히 감동을 주는 것들이 있어요. 작고 소박해서 더욱 사랑스러운 것들 말이에요. 태윤이가 할머니 댁에서 얻어온 도토리와 제 펠트 도토리를 함께 모아두니 너무 귀여워요.

펠트 바구니와 펠트 도토리는 편집 숍에서 구입. 팔찌는 컬잇에서 구입.

What Is Your Plan?

작년에 세웠던 계획을 얼마나 실천했는지 문득 생각해봐요. 올해도 몇 달 남지 않았다는 게 새삼 슬퍼지네요. 그래도 꿋꿋하게 남은 시간을 채워 나갈 거예요.

크리스마스를 기다리며

"산타 할아버지가 어떤 선물을 주실까?"
"나는 레고를 주셨으면 좋겠어."
커다란 산타 모양 틴 케이스 안에 든 초콜릿과 꼬마 산타 캔들을 보며 아이들이 나눈 대화예요.
안 듣는 척 귀담아 듣고 있는 엄마 산타입니다.

꼬마 산타 캔들은 에이치픽스(www.hpix.co.kr)에서 구입.
초콜릿이 든 산타 틴 케이스는 파리 베아슈베 BHV 백화점에서 구입.

향기와 함께 걷다

퍼블리칸 바이츠에서 열렸던 정원 마켓에 다녀온 날이에요. 디자인이 너무 마음에 들어서 가져온 태블릿 방향제랍니다.

태블릿 방향제는 수향 태블릿 제품.

Potato Snack

조금 두툼하게 썬 감자를 노릇하게 튀겨 투명 머그에 담은 다음
귀여운 아이의 얼굴이 그려진 트레이에 올렸어요.
아이 얼굴이 그려진 트레이는 친구가 도쿄 여행에서 선물해준 건데 유용하게 잘 쓰고 있답니다.

Hello, Halloween!

아이들과 함께 핼러윈 치즈 케이크를 구웠어요.
아이들은 "호박 괴물이다!"라며 깔깔대고 너무 재밌어했죠.
1년에 딱 한 번 특별하게 하루를 즐기는 방법! 그날의 디저트를 구워라!
가위로 단호박 껍질을 잘라 호박 얼굴을 만들 때는 저도 슬며시 웃게 되더라고요.

Vavapapa & Moomin

달콤한 간식 시간! 아이들은 이 귀여운 틴 케이스에 뭐가 들었냐며 흔들어대다가
곧 사탕과 젤리란 걸 눈치 챘어요.
착한 일을 하면 하나씩 꺼내 주겠다고 약속했지요.
바바파파와 무민이 그려진 틴 케이스는 너무 귀여우니까
사탕을 다 먹고 나면 인테리어 소품으로 활용할래요.

사탕이 들어 있는 틴 케이스는 호시노앤쿠키스(www.hosino.co.kr)에서 구입.

설탕 솔솔 누룽지

친정엄마가 한가득 보내주신 누룽지.
고소한 누룽지탕도 끓여 먹고, 어릴 적 엄마가 해주시던 누룽지튀김도 해봤어요.
마지막으로 설탕도 솔솔 뿌리고요.
아이들이 손가락으로 설탕을 꾹꾹 찍어 먹어도 한 번만 봐주는 걸로!

블랙 트레이는 하우스 닥터 House Doctor 제품으로 에잇컬러스(www.8colors.co.kr)에서 구입.

동글동글 감자 크로켓

동글동글 귀엽게 만든 감자 크로켓을 도시락에 담았더니 정말 맛있어 보여요.
어떤 음식이든 이왕이면 예쁘게 담는 게 보기 좋잖아요.
크로켓에 꽂은 귀여운 치즈 모양 픽은 신혼여행으로 갔던 파리 몽마르트르의 기념품 가게에서 사온 건데 아직도 잘 사용하고 있어요.

크로켓 바구니의 기하학 무늬 냅킨은 블루밍 빌 Blooming Ville 제품.

추억의 뽑기

대림미술관에서 전시를 보고 서촌까지 산책한 날.
어릴 적 뽑기의 추억을 생각하며 사온 에펠탑과 자동차 뽑기.
아이들은 맛이 없는지 잘 먹지는 않았지만 모양을 따라 조심조심 부러뜨리며 즐거워했어요.

그릇&커트러리 컬렉션

강남 고속버스터미널 꽃시장으로 꽃을 사러 갔다가 매끈하게 잘 빠진 모양에 반해서
구입한 커트러리예요. 런던에서 수입한 제품이라고 하네요.
다시 갔을 땐 모두 품절되고 언제 다시 들어올지 모른다고 해서 아쉬웠어요.

강남 고속버스터미널 꽃시장 3층 장원갤러리에서 구입

커피를 너무 좋아해서 예쁜 커피잔만 보면 저절로 손이 가요.
요즘 즐겨 사용하는 건 에크미와 이이호시 유미코 제품들이에요.

에크미 Acme는 런던에 갔을 때 카페에서 자주 보았는데, 우리나라에 정식으로 수입되어 너무 반가웠어요.
블루와 화이트 커피잔 세트는 일본의 이이호시 유미코 Yumiko Iihoshi Porcelain 제품으로
화이트 색상은 신세계백화점에서, 블루 색상은 도쿄 매장에서 구입했어요.
에크미 하면 떠오르는 민트 색상의 커피잔 세트는 15구(www.15e.co.kr)에서 구입했어요.

보면 볼수록 오묘한 브라운 빛깔의 넓적한 그릇은 다양한 음식을 담기에 정말 요긴해요.

그릇은 화소반(www.hsoban.co.kr) 제품.

오래 쓸수록, 여러 번 세탁할수록 더욱 자연스러운 매력의 리넨. 파리에서 구입한 리얼 프렌치 리넨과 도쿄에서 구입한 리넨 제품은 제가 아껴 쓰는 것들이에요. 요즘은 우리나라에도 다양한 리넨 제품을 판매하는 숍이 많이 생겨서 행복해요.

체크무늬 매트는 피프티팟(fiftypot.com)에서 구입.
빨간 줄무늬 프렌치 매트는 컬잇(www.callit.kr)에서 구입.

소풍가는 날이 아니더라도 가끔은 귀여운 도시락에
아이들의 아침이나 점심을 준비해보면 어떨까요.
공원이나 나들이를 갈 때 과일이나
간단한 간식을 담기 좋은 귀여운 도시락들이에요.

우드 도시락과 바바파파 캐릭터 도시락은 도쿄 편집 숍에서 구입.
숫자 도시락은 스웨이 도쿄 Sway Tokyo의 런치 박스로 도쿄 키테
Kitte에서 구입.

제가 정말 좋아하는 브랜드 아스티에 드 빌라트예요.
화산재로 만들어 너무 가벼운 게 특징이죠.
100년 전통의 파리 매장에서 아스티에 드 빌라트의 작품을
만난 날을 아직 잊지 못해요. 제가 품에 안고 온 건
찻잔 세트와 작은 접시뿐이지만 바라보기만 해도 행복해요.

아스티에 드 빌라트 Astier de villatte 제품은
파리 루브르 매장에서 구입. 커트러리는 15구 제품.

친한 디자이너 동생이 밋밋할 수 있는 커다란 스트로 모자에 리본을 달아주었어요.
이 모자를 곁에 두면 여행하는 기분이에요.
자주 여행을 떠나지는 못하지만, 언제든 모자를 집어 들고 떠날 수 있다는 생각만으로도 가슴이 벅차올라요.
초코 파우더가 듬뿍 발린 다크 초코 크루아상과 함께라면
이미 낯선 여행지에서 낭만적인 시간을 보내는 기분이랄까요.

그릇은 로바트 Lovatt 제품.
레드 에크미는 에이치픽스(www.hpix.co.kr) 에서 구입.
다크 초코 크루아상은 올드 크루아상 팩토리(서울시 마포구 서교동 327-44번지 1층)의 인기 빵!

처음 보자마자 너무나 신선했던 하우스 오브 림 House of Rym 제품과 제가 매일 사용하는 화소반 제품들. 점점 늘어나는 그릇의 수납을 위해 커다란 그릇장을 만들고 싶어요.

하우스 오브 림 제품은 로쏘꼬모 판교 매장에서 구입.
화소반 제품은 판교 오프라인 매장에서 구입.

제가 여행지에서 제일 좋아하는 곳은 골목골목의 작은 숍들이에요. 런던의 쇼디치 뒷골목에서 만난 소박한 편집 숍 레이버 앤 웨이트 Labour and Wait. 그곳에서 법랑으로 유명한 리스 Riess의 시크한 손잡이 볼을 만났어요. 무게만 가벼웠어도 몇 개 더 가져왔을 텐데 어찌나 묵직하던지요. 지금까지 너무 유용하게 잘 사용하고 있어요.

블랙 볼은 리스 Riess 제품으로 런던에서 구입.
Bon Appetit 리넨 매트는 파리 봉 마르셰 Bon Marche 백화점에서 구입.

조잘대던 아이들이 잠들고 나면 엄마만의 시간이 찾아오죠. 아이들의 유치원 스케줄을 정리하고 저의 일정도 점검하는 달콤한 휴식 시간. 활짝 핀 라넌큘러스가 조명같이 은은한 빛을 발해요. 레모네이드를 마시고 난 빈 병은 버리지 않고 꽃병으로 활용했어요.

화이트 손잡이 저그는 노만 코펜하겐 Norman Copenhagen 제품으로 루밍에서 구입.

심플하지만 손잡이 부분이 유니크한 그릇이에요. 화이트와 연한 그레이 색감이 세련된 것 같기도 하고요. 커다란 저그에는 런던에서 데려와 잘 말려둔 라벤더를 툭 넣었는데 화병으로도 손색이 없네요.

모두 로바트 Lovatt 제품으로 담다에서 구입.

커트러리 컬렉션 ▶

음식과 그때그때의 분위기를 따라 커트러리를 골라보세요.
제가 모은 커트러리는 고가는 아니라도 하나하나 매력이 넘치는 것들이에요.
주방 용품 마켓이 열리거나 빈티지 마켓에 갔을 때 꼭 구입하는 것이
바로 특이한 커트러리랍니다.

(왼쪽부터 순서대로)
그레이 커트러리는 카모메키친(www.kamomekitchen.kr)에서 구입.
올리브색 커트러리는 퀸즈데이(www.queenzday.co.kr)에서 구입.
우드 커트러리는 도쿄 편집 숍에서 구입.
블랙 커트러리는 스튜디오 엠 Studio M 제품으로 호시노앤쿠키스에서 구입.
골드 커트러리는 마이알레 마켓의 톨릭스 Tolix에서 구입.

아이들이 유치원에서 돌아올 즈음이면 설레는 마음으로
간식을 준비해요. 감자로 고소한 부침개를 만들고
한창 맛이 든 천도복숭아와 자두도 그릇에 담아요.
여름에는 시원한 매실 주스에 얼음만 동동 띄워도
호로록 한잔 비우는 아이들. 사진의 접시와 볼, 머그는
모두 화소반 제품이에요.

우리 찬율이가 말해요. "엄마! 핑크는 여자 색깔이쟈나~"
핑크빛 그릇을 보자마자 반해서 데려왔어요.
저를 기쁘게 해줄 좀 더 많은 핑크 그릇이 필요해요.

핑크 접시는 지승민의 공기 제품.

오랜 단골 가게에 품절된 우드 트레이를 구해달라는
염치없는 부탁을 했어요. 고맙게도 우드 트레이와 함께
사랑스러운 선물까지 받은 날. 차 한잔을 마시면서도
마음은 구름 위를 걷는 기분이에요.

손잡이가 특이한 우드 트레이, 마카롱 마그넷,
종이 스트로 모두 블로마(www.blomma.co.kr) 제품.

제가 좋아하는 '김선미그릇'에서 세일 소식을 알리는
문자를 받은 날! 빨리 달려가야 할 것 같은 주부의 마음!
넉넉한 사이즈의 나무 쟁반에 간단히 음식을 차려
침대에서 먹으면 룸서비스라도 받는 기분이겠죠.

사진의 제품은 모두 김선미그릇 한남동 매장에서 구입.

Chapter Three

패셔니키즈 태브로

intro

태브로의 스타일링 노하우

저는 아들만 둘인 엄마지만, 아들도 딸 못지않게 멋지고 스타일리시하게 키우고 싶어서 아이들의 스타일링에 관심을 가지기 시작했어요. 인스타그램을 시작한 후 태윤이와 찬율이가 '패셔니키즈'로 잡지에 몇 차례 소개되기도 했는데, 그래서인지 많은 분들이 아이들의 스타일링 노하우에 대해 궁금해하더라고요.

태윤이와 찬율이의 옷을 고를 때 가장 중요하게 생각하는 건 '최대한 심플하고 내추럴하게'예요. 내추럴한 색상과 자연적인 소재의 옷을 좋아해서 여름에는 주로 리넨과 면으로 만든 옷, 겨울엔 니트류와 모직 외투를 선택해요.

아이들 옷은 되도록 색감은 절제하지만, 대신 스카프나 모자, 신발에 포인트를 주는 편이에요. 스카프, 모자, 신발은 제가 너무 좋아하는 아이템이랍니다. 태윤이와 찬율이는 남자아이들이지만 목걸이나 팔찌 같은 액세서리도 즐겨 착용해요. 남자아이라고 해서 액세서리는 안 된다, 검정이나 블루 계열의 옷만 입어야 한다는 편견을 가질 필요는 없다고 생각하거든요.

태윤이의 옷은 늘 넉넉한 사이즈를 구입해서 소매를 접어서 입혀요. 아이 옷은 한 해만 입히기에는 너무 아까우니까요. 코트나 점퍼, 재킷처럼 자주 입지 않는 옷은 아이의 나이보다 두 사이즈 정도 큰 걸 구입해서 3년 정도 입히고, 깨끗한 옷은 모두 동생이 물려 입어요. 요즘은 남대문 아동복 매장에도 감각 있는 옷이 참 많아서 유럽 브랜드와 매치해도 전혀 어색하지 않아요. 유럽 브랜드와 국내 제품을 적절히 섞어서 구입하는 것이 아이들 옷을 고르는 요령이라면 요령이에요. 어른들 옷도 마찬가지겠지만 쑥쑥 자라는 아이들 옷을 브랜드만 좇아 비싸게 살 필요는 없는 것 같아요. 상대적으로 가격대가 높은 수입 브랜드 옷은 세일 기간이나 오프라인 행사 기간을 활용해 구입하는 것이 합리적인 소비라고 생각해요.

- 제가 좋아하는 해외 아동복 브랜드를 꼽자면 프랑스의 봉통 Bonton과 에이프릴 샤워 April Showers, 미국의 보이+걸 Boy+Girl, 이탈리아의 꾸꾸랩 Cucu Lap, 슈즈 브랜드 페페 Pepe입니다. 모두 심플하고 담백하지만 개성 있는 색감과 디자인 요소가 있는 브랜드입니다.
- 해외 브랜드 아동복과 믹스매치하기 좋은 국내 브랜드로는 엠엔제이스토리(www.mnjstory.com)와 오조드파파(남대문시장 원아동복 131호)가 있어요. 남대문 아동복 상가는 계절이 바뀔 때마다 한 번씩 들르면 좋아요. 전 시즌의 상품들을 세일 판매하거든요. 너무 저렴한 가격에 좋은 옷을 잔뜩 구입할 수 있어요.
- 아이들 옷을 자주 구입하는 온라인 숍은 베베에마망(www.bebeetmaman.co.kr), 베이비버블(www.babybubble.co.kr), 일루(www.iloo.co.kr) 등으로 되도록 세일 기간을 활용해요. 또 리넨 소재의 유니크한 아이 옷을 판매하는 피그베(www.pigve.com)도 참새가 방앗간 들르듯 늘 관심을 가지는 곳이에요.

커플인 듯 아닌 듯
두 아이의 신발과 코트 느낌을 맞춰서 외출한 날이에요.
엄마를 미소 짓게 하는 아이들의 뒷모습.
형제는 뒷모습도 닮아가나 봐요.

커플 스트라이프 슈즈는 프랑스 꼴레지앙 Collegien 사이트에서 직구한 제품.
태윤이의 빨강 스트라이프 머플러는 보크 Bock.
태윤이의 코트와 찬율이의 진한 핑크빛 모자는 마키에 Makie.
찬율이의 코트는 엠엔제이스토리(www.mnjstory.com) 제품.
태윤이의 하얀 모자는 남대문 아동복 상가에서 구입.

자전거 탄 소년

니트 모자와 머플러를 꽁꽁 두르고
자전거를 타러 나간 겨울의 어느 날.

키스 해링 Keith Haring의 작품이 그려진 자전거는 알톤 자전거.
남색 피코트는 밀러 Miller.
흰색 스니커즈는 자라 키즈 Zara Kids 제품.

We're Best Friends

어릴 적부터 만난 단짝 친구, 태윤이와 지우.
특별한 미술 수업이 있던 날 똑같은 신발과 바지, 니트를 미리 짠 것처럼 맞춰 입은 거 있죠.
너무 귀여워서 사진으로 남겼어요.

태윤이의 니트 톱은 비올레타 페데리코 Violeta et Federico 제품으로 쁘띠마르숑 매장에서 구입.
지우가 입은 니트는 모르모르 Mor Mor,
태윤이와 지우의 바지는 엠엔제이스토리 제품.

Singing Taeyoun
태윤이가 미술 말고 또 즐기는 게 있다면 동요 부르기?
유치원에서 열릴 동요발표 대회를 너무나 설레며 기다렸어요.
길에 서서도 열심히 연습하는 모습이 기특해요.

코트는 프랑스 브랜드 모토레타 Motoreta 제품으로 베베에마망에서.
발목까지 오는 부츠는 남대문 아동복 상가에서 구입.
머플러는 코튼 앤 밀크 Cotton and Milk 제품.

봉통의 추억

도쿄의 봉통 매장은 추억의 장소예요.
태윤이와 두 번쯤 방문했거든요.
도쿄에 봉통 플래그십 스토어가 정식 오픈했다는 소식을 듣고
신나서 달려갔던 기억은 아직도 생생해요.
다이칸야마에 가면 츠타야와 함께 꼭 들르는 곳이죠.

핑크 베레모는 도쿄 하루타 매장에서 구입.

도쿄에서 루브르를 만나다

도쿄 신미술관에서 우연히 마주친 루브르전이라니!
태윤이와 함께 떠났던 파리 여행의 기억이 휘리릭 영화처럼 머릿속을 스치고 지나가네요.
하지만 태윤이는 너무도 쿨하게 "이건 파리에서 본 거잖아. 안 봐도 되겠네."라고 말해서
웃음이 터졌던 기억이 나요.

헤링본 페도라는 파리에서 구입한 제품.

도쿄 신미술관의 전시 포스터를 바라보는 태윤.
일곱 살 보아야 할 것도, 보고 싶은 것도 너무 많은 나이지요.
태윤이가 보고 듣고 경험한 모든 것이 아름다운 영감으로 자라나길 바라는 마음으로
부지런히 여행 계획을 세우곤 해요.

카우보이 스타일의 가죽 베스트는 미국 브랜드인 매니멀 Manimal 제품.
슈즈는 이지피지 EZPZ 제품으로 매직에디션 방배점에서 구입.

롯폰기 거리에서

엄마와 함께 씩씩하게 도쿄를 여행해준 태윤이에게 선물을 안겨줬던 날.
레고를 선물로 받고는 너무 좋아서 한참 바라보는 중이에요.

Edo-Tokyo & Little Boy

느리게 여행하던 도쿄 가와고에의 추억. 복잡한 도쿄 시내에서 벗어나 옛 도쿄의 에도시대를 느끼던 날. 거리 곳곳이 궁금한 것 투성이인 일곱 살 어린이.

니트 비니는 남대문 아동복 상가에서 구입.

꼬마 커플

두 꼬마들과 데이트를 즐겼던 한남동.
많은 이야기를 나누지 않아도 눈빛과 몸짓으로 통하는 사랑스러운 커플입니다.

찬율이의 모자는 키코 키즈 Kico Kids,
니트 카디건과 신발은 봉통 Bonton,
바지는 엠알에이 MRA 제품.

공항 패션

여섯 살이 되자마자 태윤이와 엄마가 단둘이 떠났던 제주 여행.
공항에 가는 것만으로도 너무 좋아하던 나의 꼬마 여행 메이트.

선글라스는 선즈+도터즈 Sons+Daughters.
캐리어는 룸세븐 RoomSeven.
머플러는 누메로 Numero 74.
슈즈는 프랑스 브랜드 베자 Veja 제품.

사이 좋은 부부처럼

우리 가족은 차를 타고 곳곳을 여행하는 중이었고, 전라도와 남해를 거쳐 거제도까지 갔어요. 동글동글 돌이 많은 몽돌 해수욕장에 들렀을 때 푸른 바다를 바라보며 앉은 두 아이의 뒷모습. 다정한 노부부 같아서 지금도 이 사진을 보면 웃음이 나요.

찬율이의 모자는 엠엔제이스토리에서 구입. 머플러는 누메로 Numero 74, 니트는 봉통 Bonton 제품.
태윤이의 모자는 레오카 파리 Leoca Paris, 머플러는 에이프릴 샤워 April Showers 제품.

Hay Market

요즘은 다양한 마켓이 많이 열리지만, 가장 기억에 남는 마켓을 고른다면 과천 마이알레에서 2014년에 열렸던 '헤이 마켓'을 꼽을래요. 라이프스타일 농장인 마이알레에서 엄마는 예쁜 물건들을 실컷 구경했고, 아이들은 자연과 함께 신나게 뛰어놀 수 있었거든요.

태윤이의 스카프는 에이프릴 샤워 April Showers 제품.
찬율이의 카디건은 스웨번 제품.

Candy Boy

엄마와 함께 꽃시장에 가는 걸 좋아하는 태윤이.
꽃을 고른 다음 달콤한 사탕 가게에도 들렀어요.

인테리어가 멋진 사탕 가게는 반포 파미에 스테이션 1층의 씨즈 캔디 See's Candies.

이 사진을 보면 태윤이와 함께 걸었던 도쿄 거리와
태윤이의 행동, 표정이 떠오르면서 미소를 짓게 돼요.
사진을 보며 추억할 수 있다는 것이 여행이 주는 선물이겠죠.
태윤이의 핑크색 미니 백은 도쿄 봉통 매장에서 구입했어요.

모딜리아니와 꼬마들

모딜리아니전이 열리는 미술관으로 간 아이들.
더운 여름날의 피신처로 시원한 미술관처럼 좋은 곳도 없어요.
비록 전시는 속전속결로 보더라도 멋진 그림 앞에서 포즈를 취해주는 게 당연한 아이들!

태윤이의 블랙 샌들은 봉쁘앙 Bonpoint, 찬율이의 실버 샌들은 페페 Pepe 제품.
태윤이의 민소매 셔츠는 오조드파파 제품.

그린 코트의 소년

여섯 살 태윤이, 네 살 찬율이의 어느 날.
제가 너무 사랑하는 사진 속 태윤이의 그린 코트는 피그베(www.pigve.com)에서 구입한 것으로 8Y 사이즈를 구입해서 6살 때부터 잘 입히고 있어요.

백조 소년

애니 레보비츠 Annie Leibovitz의 사진전.
양털처럼 복슬복슬한 조끼를 입은 태윤이가 엄마 눈엔 왜 백조처럼 보일까요?
아이들과 함께 관람하기에 사진전만큼 좋은 게 없다고 생각해요.
특별한 설명이 없어도 그림보다 더 쉽게 이해할 수 있으니까요.

복슬복슬한 양털 조끼는 에이프릴 샤워 April Showers 제품.

벚꽃 아래 연인처럼

핑크빛 벚꽃이 탐스럽게 피어 있던 도쿄의 어느 거리
여섯 살 태윤이와 연재, 너희는 꼭 귀여운 신혼부부 같았어.

태윤이의 오렌지 슈즈는 벤시몽 Bensimon,
연재의 초록 슈즈는 페페 Pepe 제품.

따라쟁이 동생

추운 겨울 어디로 가려던 중이었을까요.
형아가 하는 건 뭐든지 따라 하고 싶은 동생과 그런 동생 앞에서 더 의젓한 모습을 보이는 형.

찬율이의 노란 모자는 미샤 퍼프 Misha Puff,
태윤이의 모자는 보보쇼즈 Bobo Choses 제품.

꼬마 피카소

종이와 연필만 있으면 그 순간만큼은 피카소가 되는 아이들.
다섯 살 찬율이의 그림 그리는 시간이 점점 늘어난 건
그림 그리기를 너무 좋아하는 형 덕분일 거예요.

찬율이의 재킷은 벨기에 브랜드 바베 앤 테스 Babe & Tess 제품.

재클린 케네디처럼

찬율이가 선글라스를 쓴 모습이 재클린 케네디 같다며 웃었어요.
언제나 러블리한 행동으로 엄마를 사르르 녹이는 보드리.
둘째를 낳느냐 마느냐로 고민하는 분이 있다면, 전 무조건 낳으라고 말할래요.

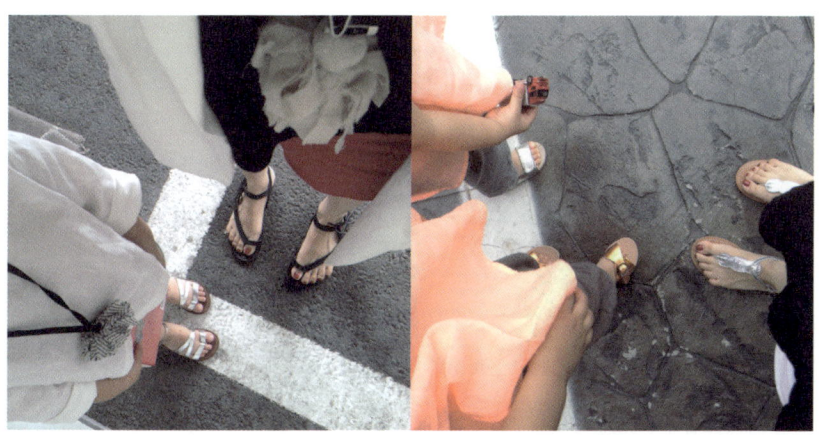

엄마와 커플 슈즈

페페 Pepe는 엄마도, 아이도 신을 수 있는 슈즈예요.
저도 태윤이도 너무 좋아해서 우리는 자주 페페 커플이 되곤 해요.

왼쪽 사진의 엄마와 태윤이 신발, 오른쪽 사진 속 태윤이의 골드 샌들은 모두 페페 제품.
오른쪽 사진의 엄마 샌들은 루이스루이스 Louis Louis 제품.

엄마가 사랑하는 패션 소품

Designed by Taeyun

프랑스 브랜드 이지피지 EZPZ의 그레이 슈즈를 구입하니
슈즈 박스 안에 귀여운 DIY 스티커들이 들어 있었어요.
태윤이가 직접 스티커를 요리조리 붙여 완성한
세상에 하나뿐인 신발이랍니다.

슈즈는 매직에디션 방배점에서 구입.
깃털 무늬의 스토리지는 코럴 앤 터스크 Coral&Tusk 제품.

Summer Coordination

계절의 변화를 기다리며 아이 옷을 하나씩 코디해보는 것이야말로
엄마들이 느낄 수 있는 일상의 소소한 재미 아닐까요.
늘 질리지 않는 화이트, 블랙 컬러와 멋스러운 옐로 컬러의 조화.

화이트 리넨 바지는 오즈드파파, 옐로 반바지는 니코니코 Nico Nico 제품.
블랙 샌들은 봉쁘앙 Bonpoint, 스트로 모자는 에이프릴 샤워 April Showers 제품.

가끔은 패턴 있는 옷에 끌려요.
자칫 밋밋할 수 있는 남자아이들의 여름 옷에
체크나 스트라이프 패턴이 들어가면 한결 시원하고 선명한 느낌이에요.

체크무늬 바지는 보이+걸 Boy+Girl 제품.

I Love Pink

아들만 둘인 엄마지만 핑크를 포기할 수 없어요.
이 사랑스러운 색상을 여자아이들만 입으란 법은 없잖아요.
여름의 문턱으로 넘어가는 늦은 어느 봄날,
엄마는 핑크와 화이트를 선택했어요.

화이트 리넨 셔츠는 프랑스 브랜드 브이디제이 VDJ.
핑크 리넨 바지는 미국의 아동복 브랜드 수어 플럼 Soor Ploom 제품.
벽에 걸린 토끼 헌팅 트로피는 루밍에서 구입.

Shoes Shoes Shoes!
아이들의 발은 정말 빨리 커서 신발을 큰 사이즈로 구입해도 다음 해만 돼도 신을 수가 없어요.
다행히도 태윤이의 신발은 찬율이에게 고스란히 물려주지만요.
태윤이가 신발을 깨끗이 신는 편이라 찬율이는 거의 새것 같은 신발을 물려받아요.

이 앙증맞은 슈즈는 해외 사이트에서 보자마자 반해서 구입했어요.
태윤이가 네 살 때부터 잘 신었던 신발이죠.
찬율이가 물려 신다가 이젠 작아서 더 이상 신지 못하지만, 상자에 넣어 잘 보관해뒀어요.
혹시 모르죠. 먼 훗날 손자, 손녀들에게 물려줄 수 있을지도요.

모직 슈즈는 스페인 브랜드 캠퍼 Camper 제품.

어른도 아이도 편히 신을 수 있는 여름 샌들, 버켄스탁 Birkenstock.
올여름 태윤이가 선택한 색상은 보기만 해도 시원한 아쿠아 블루예요.

엄마의 레이스 샌들은 솔루도스 Soludos 제품.
태윤이의 샌들은 버켄스탁 아리조나.

커플 아쿠아 슈즈

느낌 있는 아쿠아 슈즈를 찾던 중 발견한 제품이에요.
보송보송 찹쌀떡같이 부드럽고 편한 아쿠아 슈즈.
이제 물놀이만 가면 되겠죠?

아쿠아 슈즈는 베이비보틀 Babybottle 제품으로 매직에디션 방배점에서 구입.

Get Dressed for Going out

바나나, 포도, 천도복숭아 등 찬율이가 제일 좋아하는 과일을
귀여운 가방에 담아 외출하기 젠!
엄마 마음대로 후다닥 오늘의 코디를 해보았답니다.

핑크 리넨 모자와 남색 톱은 엠엔제이스토리.
꽃무늬 반바지는 에밀 에이다 Emile et Ida 제품.

스카프의 힘

아이들을 멋지게 스타일링해주고 싶은데, 어떻게 하면 멋스러운지 잘 모르겠다고요?
두말할 것 없이 스카프를 추천합니다.
제가 신발과 함께 가장 좋아하는 패션 아이템이에요.
심플한 룩에 과감한 패턴과 선명한 색상의 스카프로 포인트를 주면 실패가 없어요.

옐로 체리 스카프는 보보쇼즈 Bobo Choses, 체스 패턴 스카프는 르지우스 Le Zigouis 제품.
와인빛 스카프는 에이프릴 샤워 April Showers, 네모와 동그라미 패턴의 스카프는 봉쁘앙 Bonpoint 제품.
초록 스카프는 누메로 Numero 74, 하트 패턴의 스카프는 제프 Zef 제품.

그의 첫 번째 시계

야구공과 배트가 그려진 시계와 늘 9시를 가리키는 패브릭 시계.
모두 태윤이의 첫 시계예요.
여자아이들에게 구슬 팔찌가 있다면, 남자아이들에겐 시계가 있죠.
태윤이도 시계를 차면 멋진 형아가 된 느낌인가 봐요.
비록 시간은 읽지 못해도 아빠처럼 손목을 쳐다볼 수 있으니까요.

패브릭 시계는 누메로 Numero 74 제품으로 파리 봉 마르셰 백화점에서 구입.
야구공 시계는 더 키즈워치 컴퍼니 제품으로 신세계백화점에서 구입.

모자를 써봐요

엄마는 멋진 모자로 패션의 마침표를 찍고 싶은데,
모자 쓰는 걸 싫어하는 아이들도 많아요.
태윤이, 찬율이에게 아기 때부터 열심히 모자를 씌워준 덕분인지,
커서도 모자 쓰는 걸 즐기더라고요.
추운 겨울에는 모자만 써도 머리가 따뜻해서 추위를 훨씬 덜 탄대요.

미대오빠의 코트

꼬마의 코트가 데님 소재라니!
시크한 대학생 형이라도 된 듯한 느낌이에요.
이 데님 코트를 본 순간, 제 눈에선 하트가 쏟아졌죠.
두툼하게 누비 처리한 옷이라 보온성도 좋아요.

코트는 에이프릴 샤워 April Showers 제품.
머플러는 오즈드파파 제품.

Lovely Colors

블루, 화이트, 옐로, 핑크, 그레이…. 여름의 색감들.
아이들 옷을 차곡차곡 정리하다가 조르르 놓고 보니 그 색감이 참 예뻐요.

계절별 스타일링
Spring

볼록 나온 배가 귀여운 찬율이의 블랙 셔츠는 오조드파파.
리넨 팬츠는 무쿠 Muku 제품.

그림자 놀이에 빠진 두 꼬마.
태윤이의 스트라이프 티셔츠는 엠엔제이스토리.
별이 그려진 슈즈는 이지피지 EZPZ.
찬율이의 레드 바지는 프랑스 브랜드인 엠알에이 MRA(Maria et Rose – Alice) 제품.

봄날의 산책을 즐기고 있는 찬율이의
그린 스카프는 봉통 Bonton 제품.

태윤이가 입은 독특한 오버롤 스타일 바지는 무쿠 Muku 제품.

1 떠나는 봄을 아쉬워하며 태윤이와 한남동으로 나들이를 갔던 날. 겨자색 팬츠는 에밀 에이다 Emila et Ida 제품.
2 태윤이의 그레이 와이드 팬츠는 엠엔제이스토리 제품으로 컬잇에서 구입.
3 태윤이의 시크한 그레이 장화는 비스가드 Bisgaard 제품.
4 찬율이가 입은 리넨 재킷은 엄마가 색깔별로 갖고 있을 만큼 좋아하는 엠엔제이스토리 제품.

계절별 스타일링

Summer

여름에도 에어컨 바람이나
선선한 저녁 시간을 대비해서 챙기는 리넨 재킷.
퀵보드 연습을 하러 가는 태윤이의 리넨 재킷은
수비 에이노아 Suvi Ainoa.
리넨 꽃목걸이는 엠엔제이스토리 제품.

헬멧을 꼭 챙겨 쓰고 퀵보드를 타는 찬율이.
찬율이의 퀵보드는 마이크로 Micro 맥시.

아빠와 축구하러 출동하던 날.
두 아이의 선글라스는 선즈+도터즈 Sons+Daughters 제품.

여름에만 즐길 수 있는 키즈 패션 아이템, 타투!
판박이 스티커형 타투는 에잇컬러스에서 구입.
찬율이의 플라워 패턴 톱은 드미니(www.demini.co.kr),
샌들은 페페 Pepe 제품.

찬율이의 와이드 리넨 팬츠는 무쿠 Muku 제품.
스트라이프 슈즈는 남대문 아동복 상가에서 구입.

동대문 DDP에서 열린 디올 전을 보러 간 토요일.
태윤이의 바둑판무늬 스카프는 르지우스 Les Zigouis 제품.

디자인이 독특한 태윤이의 그레이 셔츠는 엠엔제이스토리 제품.
찬율이의 화이트 셔츠는
캐러멜베이비 앤 차일드 Caramelbaby and Child 제품.

찬율이의 핑크 톱과 그레이 팬츠는 엠엔제이스토리 제품.

태윤이의 화이트 톱은 보보쇼즈 Bobo Choses.
싱그러운 그린 컬러의 샌들은 페페 Pepe 제품.

쌍둥이처럼 차려입고 동물원에 간 태브로.
네온 핑크 빛깔의 톱은 드미니 제품.

한여름의 마이알레.
찬율이의 페도라는 남대문 아동복 상가에서 구입.

플라워 패턴의 셔츠를 커플 룩으로 입은 태브로.
민소매 셔츠와 반소매 셔츠 모두 드미니에서 구입.

계절별 스타일링

Autumn

밋밋할 수 있는 니트 카디건에 툭 머플러 하나만 둘러 멋을 낸 찬율이. 머플러는 디자이너스 리믹스 Designers Remix 제품. 니트 카디건은 봉통 Bonton, 신발은 꼴레지앙 제품.

1 태윤이와 찬율이의 커플 슈즈는 꼴레지앙. 태윤이의 재킷은 엠엔제이스토리 제품.
  태윤이의 팬츠는 니코니코 Nico Nico, 찬율이의 재킷은 앙토네지아 Anton et Zea 제품
2 태윤이의 멋쟁이 모자는 키코 키즈 Kico Kids, 머플러는 에이프릴 샤워 April Showers 제품.
  양말은 남대문 아동복 상가, 슈즈는 컬잇에서 구입.

1 메이지 책에 빠져 있는 꼬마 파리지앵. 찬율이의 브라운 니트 카디건은 형에게 물려받은 봉통 Bonton 제품. 베레모는 남대문 아동복 상가에서 구입.
2 할아버지 카디건을 입은 것 같은 찬율이. 그레이 카디건은 자라 키즈 Zara Kids, 레드 팬츠는 엠알에이 MRA, 그레이 슈즈는 쁘띠 노드 Petit Nord 제품.
3 버건디 색감으로 가을 남자가 된 찬율이. 재킷은 쿠쿠랩 Cucu Lab, 버건디 슈즈는 봉통 제품. 바지는 컬잇에서 구입.
4 네 식구가 긴 여행을 떠나던 날. 여행 가방 옆에서 즐거워하는 형제. 찬율이의 레드 스트라이프 티셔츠는 쁘띠바또 Petit Bateau, 귀여운 여행 가방은 룸세븐 RoomSeven 제품.

 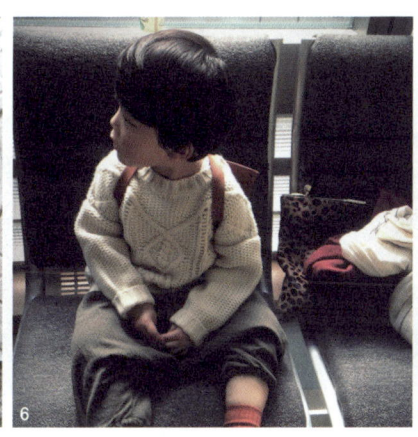 

5 코끝이 빨개지는 늦은 가을. 찬율이의 핑크 바지는 베네베네(www.benebene.co.kr), 코트는 엠엔제이스토리 제품.

6 병원에서 얌전히 차례를 기다리는 태윤이의 아이보리 니트는 자라 키즈 Zara Kids 제품.

7 태윤이의 화이트 스니커즈는 자라 키즈, 찬율이의 남색 스니커즈는 텐이즈 10is, 그레이 후드 니트는 봉통 제품.

계절별 스타일링

Winter

내복, 겉옷, 머플러, 모자, 장갑…. 두 아이의 외출 준비는 정말 정신없지만, 한바탕 소동을 치르고 나서 발차기 한 번이면 오케이! 찬율이의 호피무늬 코트는 한남동 스웨번 매장에서 구입. 앵클부츠는 페페Pepe 제품. 태윤이의 롱부츠는 남대문 아동복 상가에서 구입.

귀여운 모자와 멋진 부츠로 멋을 낸 찬율. 부츠는 엠엔제이스토리 제품.

남대문 아동복 상가에서 80% 파격 세일가로 구입한 베이지색 코트와 화가 모자, 핑크 스팽글 가방으로 코디한 찬율이. 복숭앗빛 슈즈는 해외 직구로 구입.

할머니께 선물 받은 장난감 총을 외출할 때도 놓지 않았던 찬율이. 이날은 형과 똑같이 맞춰 신은 꼴레지앙의 스트라이프 슈즈가 패션 포인트!

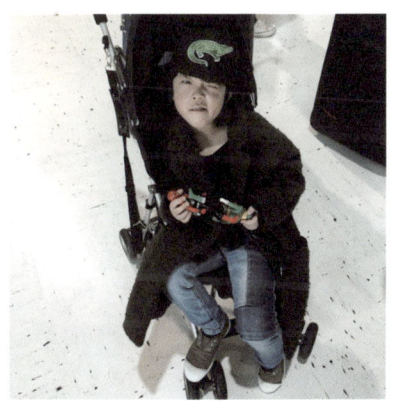

악어 모자는 태윤이가 직접 고른 미니 로디니 Mini Rodini 제품. 코트는 리틀 리믹스 Little Remix 제품으로 매직에디션 방배점에서 구입.

"엄마, 이렇게 밖에 있으면 빵도 얼어버리는 거 아냐?"라고 걱정했던 태윤이의 코트는 봉통 Bonton, 찬율이의 니트 코트는 우프 Ouef, 모자는 덴마크 브랜드 마르 마르 Mar Mar 제품.

한 마리 아기 양이 된 것 같은 찬율이의 니트 베스트는 에이프릴 샤워 April Showers, 화이트 슈즈는 봉통 Bonton 제품.

외할머니가 직접 떠주신 새하얀 머플러를 두른 태윤.

유치원에서 태윤이의 노래 발표회가 있던 날. 모자는 마키에 Makie, 코트는 피그베(www.pigve.com)에서 구입. 형을 응원하러 간 찬율이의 코트와 바지는 엠엔제이스토리 제품.

제임스 본드가 생각나는 심각한 표정의 형제. 형보다 더 그럴싸한 찬율이의 표정에 웃음이 빵 터진 날. 찬율이의 머플러는 코튼 앤 밀크 Cottin and Milk, 부츠는 페페 Pepe 제품.

마냥 아기 같았는데 이젠 형아 덩치를 따라잡을 기세의 찬율이. 형아가 물려준 봉통 Bonton의 레드 코트를 입고 외출한 날.

가방엔 찬율이의 애장품인 미니카 몇 대와 건포도, 스티커 북이 쏙! 미니 코튼 백은 파리 봉 마르셰 백화점에서 구입. 머플러는 누메로 Numero 74 제품.

호피무늬 페이크 퍼 코트를 입은 태윤. 코트는 보보 쇼즈 Bobo Choses 제품.

파리의 꼬마 화가가 된 찬율이. 모자는 엠엔제이스토리, 별 패턴의 스카프는 제프 Jet, 신발은 봉통 제품.

Chapter Four

미대오빠 태윤이의 마술 시간

intro

미술과 친구가 된 태윤이

인스타그램 팔로어들 사이에서 '미대오빠'로 불리는 태윤이. 태윤이가 그리고 색칠하고 접고 만드는 것에 관심이 생긴 건 여섯 살 무렵이었어요. 사실 다섯 살 때까지만 해도 별 관심이 없었어요. 처음엔 제가 그림을 많이 그려주고 함께 색칠하기도 했죠. 그런데 점점 색연필을 잡고 있는 시간이 늘고 색을 칠하는 데도 정성을 쏟더라고요. 또한 기발한 그림을 그리고 다채로운 색으로 표현하는 걸 보게 됐어요. 일곱 살인 지금은 혼자 그림을 그리고, 색칠하고, 디자인하고, 종이접기를 해요. 그리고 자신이 그리거나 만든 결과물에 대해 성취감도 느끼고요.

미술만큼 아이들의 생각을 자유롭고 순수하게 표현할 수 있는 언어는 없는 것 같아요. 아이들의 시선으로 어른들은 절대 상상할 수 없는 장면을 그리는 걸 보면 너무 놀랍고 신기해요. 생각해보면 제가 어릴 때 미술 시간을 너무 좋아했어요. 학교 다닐 때도 미술 숙제만큼은 밤을 새워서 완성했던 기억이 납니다. 태윤이가 이런 엄마의 성향을 닮기도 했겠지만, 어릴 때부터 접한 다양한 공간에서의 경험이 그림에 나타나는 것 같아요.
제가 아이를 키우며 한 가지 깨달은 것이 있다면 무엇이든 아이만의 시계에 맞춰 기다려줘야 한다는 거예요. 억지로 부추기거나 고집했을 때 역효과가 난다는 것은 저뿐만 아니라 많은 분들이 경험했을 거예요. 어릴 때 유난히 낯을 많이 가리던 태윤이를 키우며 무엇이든 아이가 원할 때까지 기다려주는 게 얼마나 중요한지 깨달았죠.
지금 우리 아이가 그림을 잘 못 그린다고 해도, 한글을 읽지 못한다고 해도, 운동을 잘하지 못한다고 해도, 새로운 것에 도전하기를 두려워한다고 해도 실망하지 마세요. 조금 더 기다려주세요. 아이에게는 분명 아이만의 리듬이 있고, 맞춤형 시계가 있답니다.

저의 미술 교육 원칙이라면 미술을 친구처럼 가까이 두고 자연스럽게 접할 수 있도록 하자는 거예요. 요즘 태윤이는 일상생활에서 미술과 자연스럽게 친구가 되곤 해요. 언제, 어디서나 종이만 있으면 뭔가를 끄적거리는 걸 볼 수 있고 유치원 가방 속 어딘가에는 태윤이가 그린 그림이 늘 숨어 있어요. 작은 종이에 나비를 그려서 색칠하고 뒷면에는 손잡이까지 달아서 저에게 선물하기도 하죠. 여섯 살 태윤이의 감성을 풍부하게 만들어주는 것이 미술의 힘이라고 생각해요.

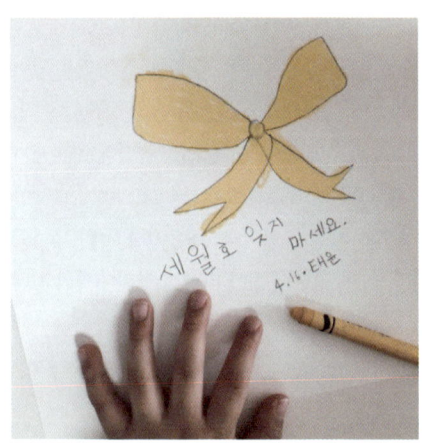

엄마가 고른 그림책의 힘

엄마가 꼼꼼하고 신중하게 고른 다양한 그림책은 아이들의 좋은 친구이자 작은 미술관이며, 감성을 길러주는 가장 좋은 선생님이라고 생각해요. 저는 아이가 어릴 때부터 전집보다는 단행본 위주로 엄선해서 그림책을 구입했어요. 멋진 그림책 한 권은 아이에게도 좋은 자양분이 되지만, 엄마에게도 잊고 있었던 동심으로 돌아갈 수 있는 작은 문이 되어줍니다.

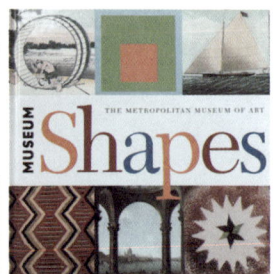

무슨 생각하니?

예쁜 이모들이 태윤이와 찬율이에게 선물해준 책, 로랑 모로 Laurent Moreau의 〈무슨 생각하니? What are you thinking?〉. 이 책을 선물 받고 깜짝 놀랐어요. 2년 전쯤 세종문화회관에서 열렸던 프랑스 그림책 전시회에서 로랑 모로의 작품을 만난 이후 팬이 되었거든요. 그때 사둔 엽서들도 벽에 잘 붙여놨죠. 로랑 모로는 프랑스의 그림책 작가로 독특하면서도 따스한 감성의 작품을 그려왔어요. 머릿속 생각을 표현한 재치 있고 기발한 그림들을 보며 아이들도 자신의 생각을 추상화하거나 그림으로 표현하는 법을 자연스럽게 익히는 것 같아요.

슬러쉬마운틴

이렇게 스타일리시한 복장으로 스키를 타는 동물들이라니요. 노르웨이 출신으로 영국에서 활동 중인 일러스트 작가 비에른 루네 리의 책입니다. 전 〈슬러쉬마운틴〉의 제목과 표지만 보고 홀딱 반해서 구입했는데, 책장을 넘길 때마다 개성 넘치는 주인공들이 등장해 강한 인상을 받았어요. 그림 한 장 한 장이 정말 예술 작품 같아요. 아이들의 상상력을 무한 자극하는 기발한 책이에요.

Museum in a Book

태윤이가 아장아장 걷는 아기였을 때 〈뮤지엄 ABC〉를 가장 먼저 샀고, 그 후로 한 권씩 사모은 '뮤지엄 인 어 북' 시리즈예요. 엄청난 양의 세계 명화들 속에 숨어 있는 숫자, 알파벳, 도형을 찾아가는 책이에요. 지금도 태윤이와 찬율이는 함께 앉아서 이 책들을 펼치고 서로 경쟁하듯 찾기 놀이를 하죠. 아름다운 명화를 감상하며 숫자와 알파벳, 도형을 익힐 수 있는 유익한 책이에요.

무민 시리즈

핀란드 작가 토베 얀손 Tove Jansson의 무민 Moomin은 언뜻 보면 하마처럼 생겼지만 실은 숲 속 골짜기에 사는 귀여운 트롤이에요. 동화 속에서 친구들과 함께 많은 모험을 해요. 무민 시리즈는 글이 꽤 많은 편인데도 아이들이 너무 좋아해서 자주 읽어달라고 조르곤 하지요. 새로운 책이 나올 때마다 한 권씩 모으는 재미가 있어요.

네버랜드 마음이 자라는 성장 그림책

주인공 토끼, 톰이 겪는 일상의 이야기를 에피소드별로 풀어낸 어린이 생활 동화 시리즈예요. 벨기에 출신 그림 작가 마리알린 바뱅의 클래식한 그림을 보면 마음이 따뜻해지고 정화되는 것 같아요. 어린 시절의 추억도 떠오르고요. 전집으로 구매해도 좋지만 아이의 성장 단계와 상황에 맞는 내용으로 한 권씩 구입하는 것도 재미있어요.

아이와의 데이트는 미술관에서

아이가 유모차를 탈 수 있는 시기가 되면 나들이 삼아 미술관을 다녀보세요. 그러다 보면 어느새 아이가 미술관과 친해져 있을 거예요. 다양한 작품을 감상하며 창의성과 미술적인 감각도 자연스럽게 길러질 테고요. 규모가 큰 국립미술관부터 작은 갤러리까지 미술관은 아이와 함께 즐길 수 있는 최고의 데이트 장소랍니다.
미술관의 조용한 분위기가 부담된다면 아이가 체험 활동을 할 수 있는 어린이 박물관이나 어린이 미술관부터 관람해보세요.
아이들과 함께 관람한 기억에 남는 전시와 아이들과 함께 가기 좋은 미술관 몇 곳을 소개할게요.

예술의 전당 쿠사마 야오이전

아이들과 제가 가장 기억에 남는 전시 중 하나로 꼽는 건 2014년 예술의 전당에서 열렸던 쿠사마 야요이의 〈Kusama Yayoi-A Dream I Dreamed〉이에요. 집처럼 꾸며진 하얀 공간에서 아이들이 직접 물방울 모양의 스티커를 붙여가며 쿠사마 야오이의 작품 세계를 체험할 수 있었던 전시였어요. 작가의 작업 방식을 경험하며 아이들도 상상의 나래를 펼칠 수 있었죠. 친구들과 함께 어울려 체험하기에도 즐거웠던 시간이었어요.

모딜리아니전

예술의 전당은 아이들이 뛰어놀 수 있는 넓은 야외 공간과 야외 분수가 있어서 더욱 좋은 곳이죠. 〈모딜리아니 Modigliani〉전을 보러 갔던 날, 꼬마들은 생애 처음으로 이곳에서 함께 열린 발레 공연도 보았어요.

페르난도 보테로전

예술의 전당에서 열린 〈페르난도 보테로 Fernando Botero〉전은 아이들도 함께 웃으며 공감할 수 있는 전시였어요. 처음엔 너무 뚱뚱한 발레리나가 낯설고 어색했지만 웃음 코드는 잘 맞았나 봐요.

미메시스 아트 뮤지엄

파주 미메시스 아트 뮤지엄은 일단 건물 자체가 너무 멋져요. 건물 사이로 하늘이 뻥 뚫려 있는 것도 인상적이었고, 아이들이 뛰어놀 수 있는 넓고 탁 트인 푸른 잔디밭도 좋았어요. 정원 곳곳에 재미난 조각상들이 있는데, 아이들은 조금 무섭기도 하고 재밌기도 했나 봐요. 파주 주변에는 출판 단지를 비롯해 아이와 함께 가볼 곳이 많으니 나들이 삼아 들러보길 추천해요.

이 그림을 보며 태윤이와 얼마나 많은 대화를 나누었는지 몰라요. 태윤이는 "왜 강아지가 갇혀 있는 걸까? 엄마를 잃어버린 걸까? 나쁜 사람들에게 잡혀간 건가? 표정이 우는 것 같아. 아마 갇힌 것 같아."라고 말하며 계속 그림 속에 숨어 있는 이야기를 상상했어요. 그림을 통해 아이와 대화를 나누고 상상의 나래를 펼쳐보는 것. 미술 전시에서 얻을 수 있는 가장 큰 재미가 아닐까요.

국립현대미술관 서도호전

2014년 국립현대미술관에서 열린 서도호 작가의 〈Home Within Home〉전이에요. 공간과 공간, 집과 집을 통해 들여다보고 걸어보는 전시였어요. 호기심 어린 시선으로 "이건 뭘까?" 하며 들여다보던 아이들. 전혀 지루할 틈이 없는 전시였어요.

설악문화센터

바다가 보고 싶어 온 가족이 속초로 달려갔던 어느 날, 우연히 들른 설악문화센터는 책도 볼 수 있고, 작은 전시도 감상할 수 있는 곳이었어요. 전시를 보고 속초 중앙시장에 들러 닭강정까지 먹어보는 코스는 어떨까요.

양평군립미술관

계절이 바뀔 때마다 드라이브 삼아 찾아가는 양평. 얼마 전에 코스를 하나 더 추가했어요. 양평군립미술관은 한가하고 여유롭게 전시를 즐길 수 있는 곳이에요. 아이들이 그림을 그릴 수 있는 작은 공간도 있어서 태윤이와 찬율이도 잘 놀고 왔답니다.

동대문 DDP

DDP는 아이들과 함께 가기 참 좋은 곳이에요. 디올 Dior의 전시가 열린 날 아이들과 함께 전시를 관람하고 4층에 올라가 입장료 4천 원을 내고 다양한 체험 활동을 했어요. 여러 전시가 한 공간에서 동시에 열린다는 점도 매력적이고, 공간마다 재미있는 설치 미술 작품이 많아서 아이들도 재미있게 구경할 수 있어요. 한참 놀고 나면 주차비가 좀 부담스럽다는 것만 빼고는 모두 만족해요.

에스프리 디올 전
아마 사랑에 빠졌나 봐요. 디올의 드레스를 입은 여배우들에게요. 제가 너무 보고 싶어 갔던 〈에스프리 디올 Esprit Dior〉전이었는데, 아이들도 생각보다 흥미롭게 관람해서 신기했어요. 특히 찬율이가 이날 너무나 훌륭한 관람 애티튜드를 보여줘서 앞으로 형만큼 자주 전시에 데리고 다녀야겠다고 다짐했어요.

성남아트센터

2014년 성남아트센터에서 열렸던 〈그림책의 위대한 발견〉전.
너무 사랑스럽고 위트 있는 그림책은 정말 하나하나가 작품이었어요. 제가 평소 좋아하던 모 윌리엄스 Mo Willems의 작품을 비롯, 많은 그림책을 만날 수 있었고, 아이들이 다양한 체험도 할 수 있었던 전시였어요.
잘게 찢은 종이를 잔뜩 쌓아놓고 아이들이 마음껏 놀 수 있게 해놓은 방에서 한참을 나올 줄 모르던 꼬마들. 아이들이 즐거워하는 전시야말로 훌륭한 전시이겠죠.

양재아트센터 이다

태윤이가 다섯 살이던 2년 전쯤 다녀온 〈열려라 팝업북〉전. 아이들은 팝업북을 좋아하잖아요. 전시 제목에 끌려서 갔는데 소소한 체험도 좋았고 전시도 너무 예쁘게 구성되어 흥미로웠어요. 일곱 살 태윤이가 이 전시를 아직도 기억하는 걸 보면 꽤 좋았나 봐요.

다양한 체험 활동을 즐기세요

요즘은 다양한 체험 활동을 경험할 기회가 점점 많아지는 것 같아요. 아이들이 너무 크기 전에 부지런히 요리, 운동, 여행 등 아이와 함께할 수 있는 다양한 체험을 즐기세요. 그 모든 경험이 아이의 내면에 차곡차곡 쌓여 밖으로 나타날 거예요. 태윤이와 찬율이를 이만큼 키워보니 정말 아이들은 '보물 상자 같은 존재'라는 걸 알겠더라고요. 아이 안에 숨어 있는 어떤 보석이 튀어나올지 몰라요. 어떤 멋진 그림이 그려질지도 모르고요. 그러기 위해서는 부모의 노력도 필요하겠죠. 많은 것을 경험하게 하고, 기다리고, 지지하는 엄마와 아빠가 되어보자고요.

아이가 그린 그림을 전시해주세요

우리 집 거실의 책장 위 벽은 아이들이 그린 그림들을 전시하는 작은 아틀리에예요. 아이들이 그린 멋진 그림을 조금은 지나치다 싶을 만큼 충분히 칭찬해주세요. 그리고 그 그림을 주제로 아이에게 질문하고 대화를 나눠보세요. 그런 다음 정해진 장소에 전시하면 아이들이 얼마나 뿌듯해하는지 몰라요. 아이들의 자신감을 키워주기도 하지만, '그림을 전시한다'는 개념을 머릿속에 자연스럽게 심어줄 수 있는 것도 의미 있다고 생각해요.

사진 속 시계는 짐블랑.
꼬마 미이 인형은 호시노앤쿠키스에서 구입.

동물 포스터 Animal Alphabet Chart는 리플 페이퍼 Rifil Paper 제품.
집 모양의 저금통은 루밍에서 구입. 태윤이의 미술 책상은 비아인키노 제품.

미술 놀이 전용 책상을 마련해주세요

태윤이가 여섯 살이 되었을 때 미술 놀이 책상을 사주었어요. 벽에는 예쁜 포스터도 붙이고, 책상 한 켠에는 색연필과 붓, 가위를 꽂아두고 필요할 때마다 사용할 수 있도록요. 태윤이는 자기만의 공간이 생겨서 무척 좋았나 봐요. 밤에도 조명을 켜고 그림 그리기에 열중한 날이 많았으니까요.

태윤이의 미술 시간

엄마가 그린 바바파파

태윤이가 그림을 그릴 때 저는 옆에서 거의 도와주지 않고 내버려두는 편이죠. 그런데 가끔은 엄마가 그린 그림에 색칠을 하고 싶어 하더라고요. 그래서 여섯 살의 여름날, 귀여운 바바파파 가족을 그려줬어요. 태윤이가 너무 좋아해서 뿌듯했던 날이었어요.

크레용은 도쿄에서 구입. 작은 색연필은 쏘노리오(sonolio.co.kr)에서 구입.

종이 놀이 도구들

그림 그리는 것만큼 종이를 접고 자르고 붙이는 것도 좋아하는 태윤이. 그래서 생일 선물로 스카치테이프 디스펜서를 사줬어요. 책상에 올려두고 쉽게 사용할 수 있게요. 종이를 가로로 자르고 풀로 붙이는 단순한 활동을 통해서도 아이의 감각은 쑥쑥 자라는 것 같아요. 집이 조금 지저분해져도 미래의 아티스트들에게 자유로운 창작 활동을 허락해주세요.

스카치테이프 디스펜서는 렉슨 Lexon 제품으로 에잇컬러스에서 구입.
지구본 모양의 연필깎이는 파리 메르시 Merci에서 구입.
숫자가 적힌 지우개와 연필은 보험회사에서 받은 선물.
무민 어린이 가위는 루밍에서 구입.
생쥐 모양의 자는 교보문고 광화문점 문구 코너에서 구입.

런던의 추억

조용해서 돌아보면 혼자 부스럭대며 커다란 컬러링 지도를 펼쳐놓고 색칠하는 태윤이. 전 슬그머니 커피가 든 머그를 들고 옆에 앉아서 태윤이와 둘이서 떠났던 런던의 추억을 떠올려봅니다.

컬러링 지도 Coloriage XXL Londres는 아베쎄데 키즈 Abcd-Kids에서 구입.

파리의 추억

파리의 아파트 다락방에서 담요를 두르고 작품을 완성해가는 예술가처럼 파리 지도를 색칠해 나가는 태윤이.

르끌로의 칠판

집에 꼭 커다란 칠판을 설치하고 싶었어요. 그런데 '집 안에 분필 가루가 날리면 어쩌지?' 하는 현실적인 걱정 때문에 선뜻 실행에 옮기지 못했죠. 홍대 부근에 위치한 프렌치 레스토랑 르끌로에 가면 비밀의 정원 같은 텃밭이 있고, 한 켠엔 커다란 칠판이 있어요. 이 칠판을 보고 아이들은 물 만난 고기처럼 마음껏 그림을 그렸죠.

로봇 친구

남자아이들의 상상 속 나라에 하나쯤 꼭 살고 있을 것 같은 귀여운 로봇이에요.
〈인사이드 아웃〉의 라일리에게 빙봉이가 있다면, 태윤이에게는 이 로봇이 있겠죠?
로봇이 너의 마음속에 오래오래 머무르길.

Hello, Maisy!

집 밖에서나 안에서나 아이들이 식탁에서 밥만 먹는 건 아니죠.
밥 먹는 시간이 길어지면 차라리 마음의 여유를 갖고 아이들에게 색칠 공부를 할 수 있게 해줘요.
오늘은 귀여운 생쥐 친구, 메이지가 주인공이네요.

메이지 컬러링 북 Maisy Placemat Doodle Book은 반디앤루니스에서 구입.

앵그리버드에 푹 빠졌어

아이들은 솔직해요. 어른들처럼 자신의 마음을 숨기지 못하죠. 태윤이가 한창 앵그리버드 게임을 할 때는 앵그리버드를 얼마나 많이 그렸는지 몰라요. 그림을 보면 아이가 요즘 어떤 것에 관심이 있는지 알 수 있어서 좋아요.

형아처럼 그릴 거야!

형이 그린 과일 그림을 보고 열심히 따라 그리는 찬율이. 애쓰는 모습이 너무 귀여웠어요. 찬율아, 네 그림도 얼마나 기대되는지 몰라!

서울 색칠 여행

엄마가 멋진 카페에서 차 한잔의 여유를 즐길 때면 조용히 자신만의 시간을 즐길 줄 아는 태윤이. 따끈한 차와 그림이 있는 시간.

커다란 팔레트와 수채화 물감 세트

아이들이 자유롭게 물감 놀이를 할 수 있도록 큰 팔레트를 하나씩 장만해주세요. 아이들은 자기만의 팔레트에 애정을 갖더라고요. 팔레트 칸마다 연한 색부터 진한 색까지 쪼로록 짜두면 물감 놀이를 할 때마다 물감을 꺼낼 필요 없이 편리하게 사용할 수 있어요.

엄마의 아이섀도처럼 동그란 칸에 고체형 물감이 들어 있는 이케아의 Mala 수채화 물감 세트도 따로 팔레트를 준비할 필요 없이 붓으로 쓱쓱 문질러 사용하는 편리한 제품이에요. 작은 물통과 붓도 함께 들어 있어요.

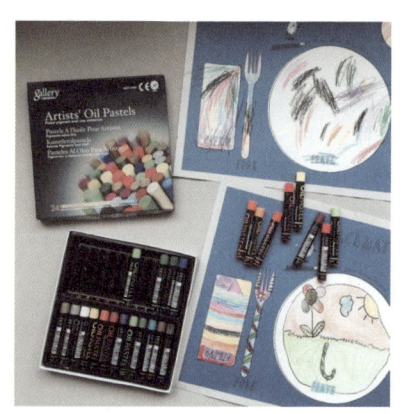 

오일 파스텔

강남고속버스터미널 꽃시장에 가면 지하에 커다란 문구점과 화방이 있어요. 태윤이와 화방 구경을 할 때마다 평소 보기 힘든 색다른 미술 재료를 하나씩 구입해요. 아이들이 다양한 재료의 특성과 질감을 경험하는 것도 중요하다고 생각하거든요. 오일 파스텔은 조금 생소했지만 태윤이가 너무 관심을 보여 구입했는데, 크레파스와는 또 다른 매력이 있어요. 사용하는 도구가 달라지면 아이가 그린 결과물도 함께 달라지는 재미를 느낄 수 있어요.

태윤이의 미술 도구

왼쪽 아래의 빨간 팔레트는 태윤이가 네 살 때부터 사용한 첫 팔레트예요. 지저분해 보이지만, 그만큼 태윤이가 열심히 그림을 그렸다는 증거이기도 하죠.
가운데 물방울무늬의 컬러 색연필은 도쿄 츠타야 서점에서 구입했는데, 자동차가 그려진 상자도 예쁘고 색연필 모양도 너무 귀여워요. 아래쪽 틴 케이스에 들어 있는 콩테 Conte는 홍대 근처 화방에서 구입했어요.

꼬마 화가 태윤이의 그림들

스케이트를 타고 싶어 ◀

크리스마스가 다가오는 2014년의 겨울, 태윤이가 스케이트를 타고 싶다고 말하며 그린 그림이에요. 너무 간절히 스케이트를 타고 싶어 했지만, 정작 진짜 빙판에서는 무섭다며 포기했죠. 아이의 그림에는 다시는 돌아오지 않을 추억의 순간들이 담겨 있어요.

Sharp Shark ▼

섬세한 성격의 태윤이도 가끔은 강인한 힘이 느껴지는 그림을 그려요. 날카로운 이빨에 표정도 무서운 상어지만 알록달록한 옷을 입은 걸 보니 역시 태윤이다워요.

악어와 악어새

여섯 살 때 태윤이가 그린 파란 늪지대의 알록달록 악어와 악어새. 달님을 까맣게 칠한 건 '밤이라 어두워서'라는 아이다운 생각에 웃음이 났어요.

태극기

유치원에서 태극기를 한 번 그려보고 난 후로 집에서도 종종 태극기를 그려요. 자기가 그린 그림에 엄지를 '척' 하는 저 손 좀 보세요.

전투기 2014

남자아이답게 태윤이도 비행기나 전투기를 좋아해요. 요즘은 전투기의 디테일까지 살려서 섬세하게 그리더라고요.

과일 나라

태윤이는 그림의 주제를 자신이 정해요. 하루는 과일을 그리고 싶다며 스케치북을 펼쳤어요. 태윤이가 여러 가지 과일을 떠올리며 완성한 이 그림을 본 순간, 껍질이 벗겨진 바나나와 망고에 웃음이 빵 터지고 말았지요.

사랑스러운 뱀

어느 날 밤 태윤이가 뱀에 대해 이것저것 질문하기 시작했어요. 뱀의 종류와 특징에 대해서 말이죠. 저는 뱀을 싫어하지만, 태윤이가 그린 뱀들은 어쩜 이렇게 사랑스러울까요. 저 말풍선도 태윤이의 아이디어예요. 아이들의 상상력이란 정말 무궁무진해요.

틀린 그림 찾기

자유로운 발상이 돋보이는 틀린 그림 찾기. 그림을 들고 와서 틀린 그림을 찾아보라고 했을 때, 일부러 "아휴. 너무 어려워서 엄마는 잘 못 찾겠어."라고 했더니, 으쓱거리며 어찌나 즐거워하던지요. 태윤이가 틀에 박히지 않은 그림을 그릴 때 가장 기뻐요.

크리스마스를 기다리며

짜잔! 크리스마스를 기다리며 여섯 살 태윤이가 디자인한 트리랍니다. 트리 밑에 선물 상자를 놓아두는 것도 잊지 않았고, 꼭대기에는 별도 달고 근사한 리스도 그렸어요. 이 모든 걸 태윤이가 직접 생각하고 그렸다는 게 너무 신기해요.

옥토넛 탐험대

유치원에서 엄마를 위해 만든 크리스마스 카드와 쿠키를 가져왔어요. 쿠키를 함께 먹으며 태윤이가 가장 좋아하는 만화 프로그램인 옥토넛 탐험대를 그렸어요.

여자 친구를 위한 카드

태윤이가 어릴 때부터 친하게 지낸 여자 친구의 생일이었어요. 태윤이는 직접 생일 카드를 만들었죠. 그녀는 단발머리니까 머리 스타일도 단발!

"여자니까 구두를 신겨야지. 근데 구두는 어떻게 생겼더라?"

이렇게 편지 쓰는 걸 좋아하는 일곱 살은 없을 것 같다는 생각이 들 만큼, 누군가의 생일 카드에 정성을 다해요.

태윤이표 미니 북

태윤이가 혼자 만든 미니 북을 펼쳐보니 미로 그림이 시선을 사로잡네요. 태윤이는 다섯 살 후반부터 그림 그리는 걸 좋아한 것 같은데, 그때부터 미로 그림을 즐겨 그렸어요. 완성하지 못한 그림은 유치원 가방에 넣어 가서 조금씩 완성하곤 한답니다.

꼬마 미이

무민의 친구 리틀 미이의 표정이 이렇게 무서운 것 같지는 않은데 말이에요. 게다가 실제 모습보다 조금 늙어 보이네요. 하지만 태윤이 특유의 섬세한 관찰력과 상상력을 느낄 수 있었어요. 일곱 살이 되고 나서는 그림도 훌쩍 성장한 느낌이에요.

피카소 따라잡기

파리에서 태윤이와 피카소 뮤지엄에 갔어요. 줄이 너무 길어서 꽤 오랫동안 기다린 끝에 본 피카소의 그림들. 그 추억을 안고 펼쳐본 피카소 북이에요. 태윤이가 따라 그린 그림을 보니 제법 피카소 같은데요!

박쥐 동굴 1 ▶
박쥐와 도망 가는 전갈의 익살스런 표정, 동굴의 종유석, 그리고 파도까지. 태윤이가 표현하고 싶은 많은 것이 담겨 있어요. 미술관에 갔던 날 잠깐 동안 그린 것이지만 마치 영감이 떠올라 후다닥 그린 그림처럼 강렬한 느낌이에요.

박쥐 동굴 2 ▼
화가 난 박쥐와 도망 가는 개미핥기, 그 뒤의 전갈까지 태윤이가 상상한 동굴 속 이야기예요. 개미핥기는 전갈이 깨물까봐 무서워서 도망가는 중이래요.

보물 지도

최근에 완성한 그림이에요. 매일 유치원 가방에 넣고 다니며 시간 날 때마다 그렸대요. 이 지도를 보면 당장 보물을 찾으러 떠나야 할 것 같아요.

정글의 친구들

유난히 목이 길고 머리가 작은 기린과 밀림의 왕 사자의 저 귀엽게 화난 표정은 정말 코믹해요. 태윤이는 늘 동물들의 표정에 주목하는 것 같아요.

다람쥐 꼬리의 고양이

색연필과 크레파스만 사용하다가 처음으로 수채 물감을 사용해서 너무도 진지하게 완성한 그림. 그날 동물을 여러 장 그리고 색칠했는데, 중에서 제일 사랑스러웠던 고양이 그림이에요. 꼬리는 다람쥐 같지만요. 색감이 너무 사랑스러워서 좋아하는 그림이에요.

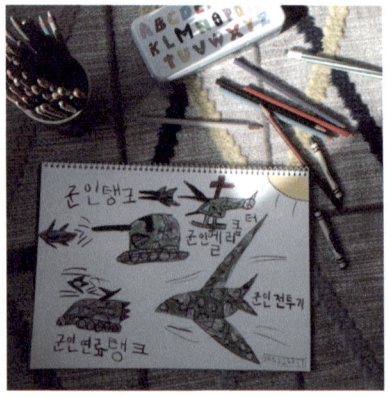

전투기 2015

2014년 여섯 살에 그린 전투기에서 많이 발전한 것 같죠? 큰아빠가 탱크 나오는 게임을 하는 걸 보고 이 그림을 생각했대요.

진저 브레드맨

일곱 살이 되고 나서는 만화 캐릭터나 그림책 주인공을 따라 그리는 걸 좋아해요. 귀여운 진저 브레드맨과 친구들을 일곱 살 아이답게 그리고 색칠했어요.

천국에 사는 말

천국에 사는 말은 저런 모습일까요? 태윤이가 그린 말은 현실 세계가 아니라 환상의 나라에 사는 것 같아요. 저 말에 이름을 지어주자고 하니까 진지하게 고심하다가 선뜻 결정을 하지 못하던 모습이 떠오르네요.

파워레인저가 되고 싶어!

일곱 살 남자아이들은 파워레인저나 아이언맨 같은 히어로에 열광하죠. 친구에게 선물하겠다며 그린 히어로들이에요. 이런 모습을 보면 태윤이도 천상 남자인가 봐요.

공룡 시대

"엄마! 공룡이 살았던 시대에도 개미들은 있었겠지?" 하고 질문하던 태윤이. 땅 위에는 스테고사우르스와 프테라노돈이 있고 땅속에는 화려한 개미집이 있어요.

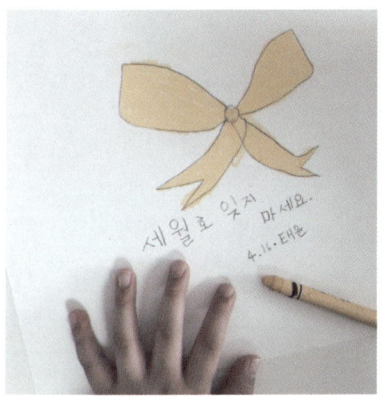

미로 2015

태윤이가 최근에 그린 미로예요. 더 복잡해지고 익살스러워진 느낌이에요. 엄마도 길을 찾으려면 한참 걸리겠어요.

Don't Forget 2014

온 나라가 슬픔으로 물들었던 그때, 2014년 6월을 잊지 말자는 뜻을 담아 태윤이도 노란 리본을 그렸어요.

Chapter Five

태윤이와 엄마가
함께 떠난 유럽 여행

태윤, 엄마와 함께 파리와 런던으로 떠나다

태윤이가 다섯 살이 되던 해 처음으로 저와 태윤이는 단둘이 제주도로 여행을 떠났어요. 여섯 살이 되었을 때는 친한 친구들과 함께 엄마, 아이 커플로 도쿄 여행을 다녀왔고요. 태윤이는 남자아이지만 차분한 성격이라 여행 메이트로는 최고예요. 장거리 비행에도 못 견뎌하거나 싫은 내색을 거의 하지 않는 참 고마운 친구랍니다.
2014년, 우리는 둘만의 유럽 여행에 도전했어요. 파리에서 9일, 런던에서 4일 총 14박15일 일정으로 여행을 떠났죠. 파리에 도착해 숙소에서 짐을 푸는데 태윤이의 속옷을 하나도 챙겨 오지 않은 걸 알게 되었어요. 너무 당황해서 웃음만 나오고 어떻게 해야 할지 난감해하는데 태윤이가 아무렇지 않게 이렇게 말하는 거예요.
"엄마, 괜찮아. 바지만 입으면 되지 뭐."
태윤이가 너무나 고맙고 귀여워서 쿡쿡 웃음이 나왔어요. 물론 파리에서 속옷을 사입히긴 했지만요.

유럽 여행을 떠나기 전,
한국에 남을 동생을 위해
태윤이가 그린 그림.

태윤이와 도쿄에 갔을 때의 에피소드도 떠올라요. 롯폰기에 있는 모리 미술관에 갔는데, 때마침 미술관이 보수공사 기간이라 문을 닫은 거예요. 보수공사를 한다는 걸 메모까지 해놓고는 막상 그날 깜빡 잊어버린 거죠. 하필이면 비가 장마처럼 퍼부었고, 저녁 식사도 못한 채 시간이 너무 늦어져서 말할 수 없이 지치고 피곤했어요. 그런데 태윤이가 "엄마! 그래도 우산은 있잖아. 우산 쓰고 다시 호텔로 가자."며 몸도 마음도 지친 엄마를 다독이는 거예요. 긴장했던 엄마를 말 한마디로 순식간에 느긋하고 편하게 만들어준 태윤이.

함께 여행을 하면서 겪은 작은 경험이 모이고 모여 우리를 더욱 단단하게 묶어주는 것 같아요. 여행만큼 아이의 생각을 키우고 감성을 자극하는 것이 또 있을까요. 여행을 떠날 때마다 태윤이가 내적으로든 외적으로든 쑥쑥 성장하는 모습이 보여요. 여행에서 얻을 수 있는 가장 큰 소득이고 기쁨이죠. 또한 여행을 통해 어른인 저도 한 뼘 성장하고 아이를 통해 많은 것을 배우기도 하고요.
많은 아이들이 초등학교에 입학하면 각종 학원이며 공부에 많은 시간을 빼앗기잖아요. 어려서부터 열심히 공부해야 한다는 현실이 얼마나 슬픈지 몰라요. 태윤이가 초등학교에 입학하기 전까지 얼마 남지 않은 자유의 시간을 마음껏 즐기고, 최대한 많은 것을 경험하면 좋겠어요.

봉주르, 파리!

태윤이와 함께한 파리 여행의 추억을 떠올려봅니다. 달콤한 솜사탕을 먹는 것 같은 행복한 경험이었지만, 정말 당황스럽고 웃음이 나는 기억도 있답니다.

두근두근 설렘을 가득 안고 샤를 드골 공항에 도착했던 파리에서의 첫날! 우리 앞에 엄청난 위기가 떡하니 버티고 있었지요. 호텔로 가기 위해 예약한 택시 기사와 길이 엇갈렸어요. 나름 철저히 준비한다고 택시를 예약했는데 오히려 기사를 기다리느라 시간만 낭비하고 속만 태웠지 뭐예요.

한참을 기다리다 예약한 택시를 포기하고 공항 밖으로 나왔어요. 손님을 기다리는 택시에 올라타서 파리 시내로 향했어요. 무뚝뚝했지만 꼼꼼하게 골목을 누벼 호텔까지 데려다준 콧수염 택시 기사 아저씨 덕분에 한숨 돌릴 수 있었죠. 저는 아이 앞이라 아무렇지 않은 척했지만 사실 심장은 쿵쾅쿵쾅, 속은 새카맣게 타들어 갔답니다.

어렵게 도착한 호텔룸에 짐을 풀고 당장 거리로 뛰쳐나가 "안녕, 파리!" "안녕, 골목들!" "안녕, 파리지앵들!" 하고 인사를 건네고 싶었지만 너무 늦은 시간이라 설레는 마음을 뒤로하고 잠을 청했죠.

파리에서 8일, 런던에서 5일간의 일정을 보내고 마지막 밤을 보내기 위해 다시 돌아온 파리. 파리 북역은 사람들로 북적였고, 출구를 찾느라 두리번거리다 이번에는 호객 행위를 하는 키 크고 멀쩡하게 생긴 택시 기사를 만났어요.

북역에서 15유로 정도면 갈 수 있는 거리를 110유로를 부르는 거예요. 자기가 만든 가격표를 보여주는데 경찰에 신고하고 싶을 만큼 기가 막혔어요. 이날도 무척 당황했지만, 어딜 가나 사기꾼은 있게 마련이라며 애써 마음을 다잡았죠. 도착한 첫날부터 마지막 날까지 우리는 파리의 택시 기사들과는 궁합이 잘 맞지 않았나 봐요.

하지만 마지막 날 아침, 창밖을 바라보며 전 애써 눈물을 삼켰어요. 파리와 헤어지는 것이 너무 슬펐거든요. 곳곳이 너무 아름답고 낭만적이던 파리. 언젠가 기회가 된다면 다시 한 번 태윤이와 함께 가 보고 싶어요.

Le 1er Etage

우리의 첫 번째 숙소였던 르 프리미에 에타주. 이곳에서 5분 정도 거리에 모든 여자들이 가보고 싶어하는 베아슈베 BHV 백화점이 있고, 15분 정도 걸으면 노트르담 대성당이 있어요. 마레 지구를 둘러보기에도 훌륭한 위치랍니다. 여행객이 호텔 현관과 룸의 비밀번호를 누르고 들어가는 독특한 시스템이에요. 처음에는 낯설었지만 익숙해지니까 편하기도 했어요.
3층 높이는 되어 보이는 나선형 계단을 보는 순간 심장이 내려앉는 것처럼 얼마나 놀랐는지 몰라요. 엄청 크고 무거운 여행 가방을 끌고 갔거든요. 첫날 고생한 덕분인지 요령이 생겨서 체크아웃을 하고 나서는 여행 가방을 계단에서 굴리듯 내려왔어요. 태윤이와 함께 깔깔대며 웃었던 기억도 새롭네요.

Le 1er Etage
주소 38 Sainte Croix de Britonnerie, 4ent, Hotel de Ville, Paris(Hotel de Ville Metro Station에서 걸어서 10분 정도 거리)

마레로 가는 길

마레 지구의 메르시로 가다가 들른 놀이터에서 찬율이 또래의 귀여운 프랑스 꼬마를 만났어요. 그 아이가 노는 모습을 보는 순간 한국에 있는 찬율이가 얼마나 보고 싶었는지 몰라요. 마레를 걷는 태윤이는 여행 둘째 날밖에 안 돼서 그런지 너무나 활기찬 모습이네요.

Still Beautiful, Merci

갈 때마다 눈이 즐거운 편집 숍 메르시. '이 세상의 모든 아름다운 현상을 숍에 담겠다'는 것이 메르시의 신념이라고 해요. 수익금을 기부하는 '착한 공간'이기도 하답니다.

La Tresorerie

아침형 여행객인 우리는 메르시 탐방을 마치고 또 다른 곳으로 갔어요. 메르시에서 조금 더 걸으면 찾을 수 있는 또 다른 편집 숍, 트레조레리. 오전 11시에 오픈을 한다고 해서 8시부터 문을 여는 카페에서 조금 기다리기로 했죠. 트레조레리에는 감각적이고 독특한 주방 용품과 패브릭, 특히 멋진 리넨 제품이 많아서 한참을 정신없이 구경했어요. 기념으로 몇 가지 사기도 했고요.

La Tresorerie
주소 11 Rue du Chateau d'eau, Paris, France(Café Smorgas)

파리 시청 주변을 걷다

너무 아름다운 파리 시청 건물. 태윤이와 함께 시청 주변의 강변을 산책했어요.
파리는 모든 건물이 그야말로 예술 작품이죠.
숙소에서 가까운 파리 시청은 한 폭의 그림 같아서 볼 때마다 감탄이 절로 나와요.

달콤한 쇼핑

호텔 근처에 베아슈베처럼 큰 백화점이 있다는 건 정말 행운이었어요. 한국에 돌아가면 맞이할 연말을 위해 달콤한 쇼핑을 할 수 있고, 여행에 살짝 지친 꼬마에게 장난감 구경을 편하게 시켜줄 수도 있으니까요. 베아슈베 백화점은 파리 시청역에서 1~2분 거리에 있어요.

마켓 투어

파리에서 가장 오래된 재래시장이라는 앙팡 루즈 시장 Le Marché des Enfants Rouges은 꼭 한번 가보고 싶었던 곳이에요. 시장에 있는 프랑스 서점에도 들러 아이를 위한 책도 사고, 일본식 도시락도 먹었어요. 생선, 과일, 고기, 치즈 등 없는 게 없는 앙팡 루즈 시장. 마레에 먼저 갔다가 천천히 걸어서 앙팡 루즈 시장까지 가보면 좋을 것 같아요. 파리는 어디를 가도 지루할 틈 없이 눈이 즐거운 곳이니까요.

Le Marché des Enfants Rouges
주소 39 Rue de Btretagne, 75003 Paris(지하철 Filles du Calvaire, ligne 8)

Place des Vosges

마레 골목을 산책하던 중 찾은 11월의 보주 광장은 조금은 쓸쓸해 보였지만 너무나 우아하고 아름다웠어요. 공원을 둘러싼 기품 있는 건물과 아름드리나무의 조화. 무엇 하나 아름답지 않은 것이 없었던 보주 광장. '햇살이 쨍한 날에는 또 얼마나 아름다울까' 생각하며 아쉬운 발걸음을 돌렸어요.

비밀의 정원을 만나다

보주 광장의 촉촉한 땅에 피어난 꽃들과 건물의 아름다운 벽을 타고 피어난 꽃들. 마치 비밀의 정원에 몰래 들어온 것처럼 태윤이는 낯설고도 아름다운 이곳을 한참 동안 바라보더군요. 아무 말도 없이요.

보물 창고에서

마레를 산책하다 쇼윈도의 커다란 지구본을 보고 걸음을 멈추었어요. 클래식하고 빈티지한 보물들이 가득할 것 같은 그런 가게를 발견했거든요. 그곳은 재미있는 물건들로 가득했어요. 그야말로 보물 창고였죠.

비 오는 퐁피두

우산을 쓰고 계단 모양의 독특한 건물을 흥미진진하게 바라보던 태윤이. 야외 스트라빈스키 광장에 있는 분수대의 해골 조각이 재미있는지 그 앞을 한참 동안이나 떠날 줄 몰랐어요. 파리에 사는 사람들이 얼마나 부러운지 몰라요. 1년 내내 상설 전시가 열리는 이 멋진 공간이 있으니 말이에요.

6층까지 올라가서 바라본 파리 시내는 비에 젖어 더욱 낭만적이었죠. 햇살 좋은 날 다시 와서 저 기다란 에스컬레이터를 타봐야지 기약하면서 퐁피두와 작별했어요.

Le Bon Marché

파리에 왔으니 봉 마르셰 백화점은 방문해야죠.
봉 마르셰는 '좋은 백화점'이란 뜻으로 파리에서 가장 오래된 백화점이랍니다. 우아하고 여유 있게 백화점을 즐기고 싶다면 봉 마르셰로 가세요. 파리의 멋진 패션 피플들을 만나는 행운도 누릴 수 있답니다.
오전 8시 30분에 오픈하는 식품관부터 돌기 위해 이른 아침 일어나 상쾌한 공기를 마시며 봉 마르셰에 도착했어요. 혹시 파리에서 마땅한 아침 스케줄이 없다면, 봉 마르셰의 식품관을 추천해요. 우리가 여행했던 11월 중순에는 수많은 전구로 쇼윈도를 장식해 연말 분위기가 넘실거렸어요.

봉 마르셰의 문을 열고 들어가자마자 속으로 외쳤어요. "이곳을 봤으니 다른 백화점은 갈 필요가 없어." 아름다운 패키지의 향연도 멋졌고, 어찌나 다양한 물건이 진열되어 있는지 보고 또 봐도 지루할 틈이 없었어요. 센스 있게 층별 매장을 소개한 커다란 나무판 앞에 선 태윤이는 꼬마 마네킹 같았어요. 파리에 있는 동안 이곳을 세 번이나 방문했답니다.

Hôtel Henriette

우리의 두 번째 숙소인 호텔 앙리에트. Les Gobelins Metro에서 200미터 정도 걸으면 도착하는 곳이에요. 루브르 박물관으로 가기에 편한 위치이고 주변은 한적한 주택가였어요. 영화에 나오는 아늑한 다락방 같지만 어찌 보면 기품 있는 고성에 온 듯한 느낌도 들었답니다. 푹신하고 커다란 침대에서 단잠을 자고, 아침에 일어나 창문을 열면 파리의 집과 하늘이 조화롭게 어우러져 멋진 광경이 펼쳐졌어요.
처음 이 호텔에 도착했을 때 멋진 정원을 기대했는데, 공사 중이라 둘러보지 못한 게 지금도 아쉬워요. 우리가 체크아웃하던 날 엘리베이터가 고장 나서 호텔 직원들이 무거운 여행 가방을 낑낑대며 들고 내려온 것도 기억나네요.

Hôtel Henriette
주소 9 Rue des Gobelins, Paris, 75013

Musee du Louvre

루브르에 가기로 한 날은 날씨가 흐렸어요. 갈까 말까 망설이다 이곳을 건너뛰면 나중에 후회할 것 같아서 고심 끝에 찾아갔어요. 흐린 날씨에도 불구하고 많은 사람들로 북적이던 눈부신 루브르. 산책하는 기분으로 느리게 관람하니 꿈을 꾸는 것처럼 행복했어요.

걷고 또 걷고

참 많이도 걸었던 어느 날, 루브르 박물관에서 튈르리 정원까지 걸었어요. 태윤이가 저 멀리 보이는 대관람차를 꼭 타고 싶어 했거든요. 저는 "대관람차를 타면 에펠탑도 보이겠다."며 호들갑을 떨었어요. 분수대에서 지나가는 사람들을 구경하다 머리에 커다란 비둘기가 앉았는데 한참이나 날아가지 않아서 난감해하는 아저씨를 보았어요. 태윤이와 한참을 웃었던 기억이 나네요. 그러고 나서 대관람차를 타러 갔어요. 오른쪽 사진은 하늘에서 바라본 파리와 멀리 보이는 에펠탑의 모습이에요.

바라보기만 해도 행복해

대관람차를 타고 신난 태윤이를 유모차에 태워 오페라 쪽으로 산책을 했어요. 피곤한지 잠이 든 태윤이와 골목을 누비다 만난 아스티에 드 빌라트 Astier de Villatte의 숍. 아스티에 드 빌라트는 프랑스의 수제 도자기 브랜드예요. 재료가 화산재라 무척 가볍고 견고해요. 자연스러운 우윳빛 색감 속에는 프랑스의 감성이 그대로 담겨 있어요.

국내에도 수입해서 판매하는 숍이 있지만, 파리 매장에서 만난 느낌은 전혀 달랐어요. 바라보기만 해도 황홀한 기분이었죠. 매장의 좁고 어두운 계단을 올라갈 때는 작은 갤러리를 방문한 듯한 느낌이었고요. 그날 구입한 찻잔 세트와 작은 플레이트, 소녀 그림이 그려진 명함 엽서를 보면 이곳을 꼭 다시 방문하고 싶어져요.

Astier de Villatte
주소 173 Rue Saint-honore 75001, Paris

꿈이 화가인 꼬마를 위해

커서 그림을 그리는 사람이 되고 싶은 꼬마를 위해 오르세 미술관으로 향했어요. 압도당할 만큼 커다란 그림들 앞에서 태윤이도 조금은 감동한 눈치였어요. 매일 어슬렁어슬렁 걸어 동네에 있는 오르세 미술관으로 갈 수 있다면 얼마나 좋을까 하는 생각도 해보았어요. 전시를 본 후에는 센 강변을 산책하면서 맘껏 여유를 부리기도 했지요.

클루니 중세 박물관

생제르맹 거리를 걸어가다 클루니 중세 박물관 Musee National du Moyen Age을 뒤로한 채 어느 놀이터에서 잠시 숨을 돌리는 시간. 마치 중세시대 놀이터에서 놀고 있는 듯한 태윤이. 우리는 중세시대로 걸어 들어가 온갖 유물을 구경하고, 아름다운 건물의 디테일도 하나하나 관찰했어요.

드디어 에펠탑!

태윤이가 꿈에 그리며 보고 싶어 했던 에펠탑을 만났어요. 날씨가 잔뜩 흐렸지만 멀리서도 빛났던 에펠탑. 태윤이와 함께 에펠탑 앞에 있다는 사실이 마치 꿈처럼 믿어지지 않았던 순간이었어요.

몽파르나스

우리가 묵었던 마지막 호텔이 있던 몽파르나스 Montparnasse. 너무나 싱그러운 초록빛 향연이 펼쳐진 정원.

Bridge of Love

남산 타워가 생각났던 예술의 다리, '사랑의 다리'라는 퐁데자르 Pont des Arts. 우리가 사진을 찍는 순간에도 많은 연인들이 찰칵찰칵 셔터를 눌러댔어요.

피카소 미술관

파리 여행의 둘째 날, 피카소 미술관 Musee Picasso에 갔어요. 하지만 아침 일찍부터 너무 긴 줄에 기겁을 하고 포기하고 말았어요. 하지만 나중에 후회할까 봐 다시 찾아갔어요. 5년이라는 보수공사 끝에 재개관해서 무척 기대가 컸던 곳이었죠. 피카소 미술관 때문이라도 파리에 다시 가고 싶어요. 홈페이지 (www.museepicassoparis.fr)에서 사전 예약을 하면 길게 줄을 서지 않아도 된답니다.

피카소의 그림이 아이들의 그림과 닮았다는 생각을 했어요. 태윤이도 피카소의 그림이 낯설지 않은지 한 작품 한 작품 주의 깊게 관람하더라고요.

Bonton in Paris

엄마라면 필수 코스일 거예요. 저도 너무 좋아하는 브랜드 봉통 Bonton. 파리 매장은 도쿄의 봉통보다 훨씬 더 크고 볼거리도 다양해요. 의류뿐만 아니라 장난감과 책도 구경할 수 있는 아이들의 천국이에요. 지하에 내려가니 연말 분위기를 내는 화려한 데커레이션이 펼쳐져 눈이 휘둥그레졌어요.

생폴 역의 밤

생폴 역에서 만난 휘황찬란한 놀이기구 덕분에 태윤이는 하루의 피로를 잊은 것 같았어요. 저 역시 아이처럼 기분이 들떴답니다.

런던으로!

파리 일정을 마치고 런던으로 향하는 날이었어요. 기차를 타기 위해 간 북역은 여행객들로 붐볐어요. 태윤이는 해저터널로 가는 유로스타에 대한 상상으로 마음이 들떠 있었어요. 런던은 어떤 빛깔로 우리를 반겨줄까 가슴이 두근두근했던 순간.

파리에서의 마지막 밤

런던을 여행한 후 한국행 비행기를 타기 위해 유로스타를 타고 다시 돌아온 파리. 왠지 고향에 온 듯 반가웠지만, 다음 날 일찍 먼 길을 나서기 위해 무리하지 않기로 했어요. 마지막 밤을 위해 선택한 9 Hôtel Opera의 방명록에 뭔가 열심히 적는 태윤이. 마지막 밤에는 일본식 우동을 파는 우돈 Udon에서 따끈한 우동을 먹고 밤 산책을 했어요. 한국이라면 네 그릇도 사먹을 가격의 우동이었지만 얼마나 맛있었는지 몰라요.

9 Hôtel Opera
주소 9 Hôtel Opera Paris, 14, Rue Papillon, 75009 Paris(파리 북역에서 걸어서 10분 거리에 위치. 오페라 지역과도 가까워 공항 이용이 편리하다)

태윤이와 엄마가 함께 뽑은 파리의 베스트 스폿

1위 에펠탑 Tour Eiffel

태윤이가 꼽은 파리의 베스트 스폿이에요. 그림과 사진으로 에펠탑을 먼저 접했던 태윤이는 에펠탑의 실제 모습을 무척 궁금해했어요. 어른들에게는 조금 진부한 관광지일 수 있지만 아이는 마냥 신기해하는 곳이죠. 에펠탑에 올라 파리 시내를 바라보는 순간, 우리 입에서는 저절로 탄성이 나왔어요. 에펠탑 주변에 있는 회전목마도 운치 있으니 꼭 들러보세요.

2위 파리 피카소 미술관 Musee Picasso Paris

5년의 보수공사를 거쳐 새롭게 개관한 피카소 미술관은 예전보다 더욱 넓어지고 우아해졌어요. 생폴 역에 내려 마레 지구 구석구석을 구경하다 피카소 미술관에 들러 멋진 작품을 감상해보세요. 태윤이도 피카소의 작품을 꽤 집중해서 감상했답니다.

3위 퐁피두 센터 Center Pompidou

복합문화예술 센터라고 할 수 있는 퐁피두 센터는 저보다 태윤이가 더 좋아했던 곳이에요. 특히 내부 구조가 밖으로 돌출된 독특한 건물 형태와 기다란 승강기를 너무 신기해했답니다. 야외의 스트라빈스키 분수 역시 빠트리지 말고 구경해야 해요.

4위 골목 곳곳

유럽의 어디나 그렇지만 거리와 골목, 건물 그 자체가 예술이고 미술관이에요. 아이와 함께 파리 시내 어디를 걸어도 지루할 틈이 없을 거예요.

반가워, 런던!

런던에 가기 전부터 쇼디치 부근에 위치한 디자인 호텔인 '에이스 호텔'에 꼭 가보고 싶었어요. 이곳에 가보고 싶어 런던 여행을 계획할 정도였지요. 태윤이와 함께 런던에 도착한 것만으로도 가슴 설레고 흥분됐지만, 그렇게 가보고 싶었던 에이스 호텔에 들어섰을 때는 벅차오르는 감동을 억누를 수 없었어요. 도착하자마자 연신 사진을 찍어댔던 기억이 나네요. 태윤이도 "엄마! 여기 최고인 거 같아!"라고 말할 정도였어요. 태윤이는 로비의 벽에 걸려 있는 자전거와 룸에 있는 기타에 마음을 빼앗긴 것 같았어요.

여행하면서 진정한 런더너가 된 기분을 누리고 싶다면 에이스 호텔을 중심으로 쇼디치 거리를 꼭 걸어보라고 추천하고 싶어요. 벽에 그려진 그래피티를 보며 골목 구석구석을 누비는 것도 재미있고요. 주말에 열리는 브릭 레인 마켓에서는 젊은 런더너들의 빈티지 소품과 개성 넘치는 패션 아이템을 만나볼 수 있어요.

브릭 레인 부근의 '올드 스피탈필즈 마켓 Old Spitalfields Market'은 모던하고 깔끔한 분위기의 시장으로 요일별로 다양한 빈티지 물건을 판매해요. 이곳에서 태윤이는 할아버지께 드릴 선물로 멋진 장갑을 골랐어요. 한국에서는 쉽게 구할 수 없는 특이한 스타일의 헌팅캡을 샀던 것도 기억에 남네요.

Hello, Harry Potter!

파리에서 유로스타를 타고 런던의 세인트 판크라스 역에 도착했어요. 커다란 시계를 바라보는 태윤이는 마치 해리 포터 같았죠. 엄마도 설레고 태윤이도 설렜던 런던에서의 첫날, 매력적인 영국식 발음만큼 멋진 런던이 기대되었던 그때.

에이스 호텔

런던 쇼디치에 위치한 핫한 부티크 호텔이에요. 호텔의 문을 열고 로비에 들어서는 순간의 쿨하고 개성 넘치던 첫인상을 잊을 수가 없어요. 마치 편집 숍 같았던 호텔 프론트도 인상적이었고요. 체크인을 하기 위해 태윤이를 잠깐 자리에 앉혀두고 기다렸는데, 아이 옆에 근사한 런더너가 있어서 분위기 있는 한 컷이 완성되었어요. 에이스 호텔을 시작으로 런던에서의 4박 5일 일정이 펼쳐졌어요.

Ace Hotel London Shoreditch
주소 100 Shoreditch High Street, London, E1 6JQ(쇼디치 Shoreditch 전철역에서 걸어서 10분)
홈페이지 www.acehotel.com/london

에이스 호텔의 감성

호텔의 룸 구석구석이 센스 넘쳐서 물개 박수를 쳤어요. 이게 바로 에이스의 감성인가 봐요. 호텔에 있는 비품은 다양한 로컬 브랜드와의 컬래버레이션으로 제작된 것으로 모두 구입 가능해요. 숫자가 심플하게 쓰인 욕실 제품은 사오지 못한 게 후회될 정도예요. 침대 앞에 걸린 기타를 보고는 태윤이가 너무 좋아해서 둘이 제멋대로 연주회를 열기도 했어요.

Labour and Wait

쇼디치 뒷골목에서 만난 소박하지만 트렌디한 셀렉트 숍, 레이버 앤 웨이트 예요. 〈킨 포크〉 매거진에 소개되면서 유명해진 곳으로 너무나 탐나는 제품이 많아서 한참을 넋을 잃고 구경했죠. 사진 속 우드 달력이 가장 마음에 들었지만, 가게 이름이 적힌 커다란 코튼 백과 블랙 법랑 볼을 가져왔어요. 쇼디치를 추억하기엔 더할 나위 없는 물건들이에요.

올드 스피탈필즈 마켓

건널목에서 신호를 기다리는 할아버지들 앞의 커다란 건물과 그곳에 쓰인 올드 스피탈필즈 마켓 Old Spitalfields Market이라는 글자. 리버풀 스트리트 역에서 5분 정도 떨어진 곳으로, 런던의 오래된 마켓 중 하나예요. 내부를 재건축해서 깨끗하고 정리가 잘되어 있어요.

에이스 호텔을 나서면 뒷골목에 펼쳐진 멋진 그래피티. "여기가 바로 쇼디치야"라고 말하는 것 같았어요. 이스트 런던의 상징이 된 스트리트 아트가 거리 곳곳에 펼쳐지던 그곳에서 저와 태윤이는 자유로운 영혼이 된 듯한 기분으로 골목 이곳저곳을 누볐어요.

굿바이, 에이스

올드 스피탈필즈 마켓에서 구입한 빈티지 헌팅캡을 쓰고 체크아웃을 기다리는 태윤이. 영화 속 한 장면 같은 호텔 프론트 데스크를 잊을 수 없어요. 자전거가 척하니 걸려 있는 멋진 로비도 안녕! 아늑하고 감각적이었던 룸도 안녕! 태윤이와 다음에 또 런던에 와도 에이스 호텔에서 묵자고 약속하며 다음 숙소로 향했어요.

Little Londoner
가드닝의 나라답게 집집마다 잘 손질된 작은 화단과 꽃이 런던을 더욱 풍성하게 만들어요. 이스트 런던 어딘가를 태윤이의 손을 잡고 무작정 걸어 다녔어요. 시간이 멈추길 바라면서요.

동물 친구들을 만난 날

이른 아침 런던에서 가장 아름다운 공원 중 하나인 세인트 제임스 파크를 찾아갔어요. 조깅하는 사람들 뒤로 호수에서 잔디밭까지 무리지어 꽥꽥 걸어 나오는 오리와 새들, 우아하게 날개를 펴는 백조를 만났어요. 태윤이와 눈이 마주쳤지만 아랑곳하지 않고 간식을 열심히 갉아먹던 청설모도 빼놓을 수 없네요.

잘 가꿔진 드넓은 공원은 여행의 피로를 풀고 잠시 쉬어 가기에 더할 나위 없이 좋은 곳이죠. 바쁘게 돌아가는 도시를 잠시 뒤로하고 맘껏 느긋해질 수 있는 여유로움. 문득 이런 여행을 할 수 있어서 정말 감사하다는 생각을 했어요.

레이체스터 호텔

런던에서의 두 번째 숙소인 레이체스터 호텔 Leicester House Hotel. 피카딜리 서커스와 코벤트 가든 역 사이의 차이나타운 근처에 위치한 곳으로 코벤트 가든이나 내셔널 갤러리까지 걸어갈 수 있어요. 자주 비가 내리는 나라답게 벽에 센스 있게 걸려 있는 우산을 보고 웃음이 났어요. 비가 내려 하루 정도는 저 우산을 쓸 수 있었다는 게 다행이에요.

Leicester House Hotel
주소 1 Leicester Street, London, WC2H 7BL(Leicester Square 전철역에서 걸어서 4분)

태윤, 공룡을 만나다

햇살을 받은 자연사 박물관 건물은 눈부시게 아름다웠고, 밤에는 그 자태가 웅장하고 우아했어요. 박물관 외관이 이토록 아름다울 수 있다니요! 박물관을 보는 순간 첫눈에 끌리는 누군가를 만난 것처럼 탄성이 새어나왔어요. 태윤이가 이곳을 궁금해하고 기대한 이유는 공룡관이 있기 때문이죠. 공룡관을 두 번이나 둘러보느라 꽤 오랫동안 머물렀는데, 그래도 전혀 지루하지 않았어요.

"엄마 우리 동네에도 이런 공룡 박물관이 있으면 좋겠어요."라고 말하던 태윤이. 아이의 손을 잡고 아쉬운 발걸음을 돌려 나오니 박물관 앞에 있는 아이스링크에 작은 조명들이 반짝반짝 우리의 시선을 사로잡았어요. 당장 달려가서 스케이트를 타고 싶은 여섯 살 태윤이는 발을 동동 구르기만 했지요.

A Night Walking

서울의 명동보다 화려한 피카딜리 서커스.
호텔 근처에서 저녁을 먹고 나와 산책하던 중 런던의 또 따른 화려함을 보았어요. '태윤이가 대학생이 되면 함께 〈레미제라블〉 공연을 보러 와야지' 생각하며 걸었던 산책길.

National Gallery

코벤트 가든으로 가려고 나섰다가 트라팔가 광장까지 산책을 했어요. 파란색 꼬꼬닭이 반겨주는 광장 앞 내셔널 갤러리까지 갔죠. 가고 싶은 곳이 너무 많아서 행복했던 시간이었어요.

테이트 모던 갤러리

매서운 칼바람이 부는 밀레니엄 브리지를 건너 도착한 테이트 모던과 그곳에서 만난 리처드 터틀의 설치 작품. 회색빛 런던과는 확연히 대비되던 저 색감이 어찌나 강렬하고 인상적이었는지 몰라요. 태윤이는 이 거대한 붉은색 설치물을 보고 엉뚱하게도 '구름' 같다고 했어요. 포스트 미니멀리즘 작가인 터틀의 작품은 태윤이처럼 상상력이 풍부한 아이들은 누구나 좋아할 거예요. 태윤이도 고개를 갸웃거리며 유심히 바라보고 또 바라보더라고요.

버로우 마켓 가는 길

테이트 모던에서 나와 버로우 마켓 Borough Market을 향해 걸었어요. 태윤이에게 "전철을 탈까?" 하고 물어보니, 걷거나 버스를 타고 싶다고 말하더군요. "비도 안 오는데 우리 걸어가자. 런던의 거리를 또 언제 구경할지 모르잖아." 라고 말하며 걸었어요. 런던 브리지 역 근처에서 무지개 빛깔이라며 한참을 구경한 조명이에요.

버로우 마켓

전통을 중시하며 지역의 문화와 브랜드를 발전시켜 나가는 런던. 곳곳에 자리한 전통 있는 마켓들은 런던 여행의 또 다른 묘미예요. 테이트 모던에서 쉬엄쉬엄 20분쯤 걸어서 도착한 버로우 마켓 역. 역 바로 앞에 마켓이 펼쳐져 있었어요. 시장은 언제나 우리의 상상력을 마구 자극하는 흥미진진하고 재미있는 놀이터지요.

우리의 장터처럼 다양한 먹거리가 가득했는데, 어마어마한 크기의 치즈와 신선한 과일이 특히 인상적이었어요. 저는 병에 예쁘게 담겨 있는 소금을 사오지 못한 게 두고두고 후회됐어요. 여행지에서는 마음에 드는 물건을 놓치면 그것으로 끝이란 슬픈 사실.

Lavender from Provence 3eur

버로우 마켓을 구경하고 나서 어느 가게에서 발견한 드라이 라벤더. 라벤더를 보자마자 "이건 정말 꼭 사야 돼!"라고 외쳤죠. 이렇게 런던 여행에서 식구가 된 라벤더는 지금도 그곳의 향기를 머금은 채 그때 그대로의 모습으로 우리 곁을 지키고 있답니다.

A Cup of Coffee a Day

제가 여행을 하면서 지키는 나름의 규칙이라면 하루에 한 번은 맛있는 커피를 마시는 거예요. 버로우 마켓의 입구 맞은편에 위치한 몬모스 커피 Monmouth Coffee. 태윤이를 자리에 앉히고 긴 줄을 섰어요. 제 뒤에 중국인처럼 보이는 대학생이 말을 걸어와 기다리는 동안 이야기를 나눴어요. 이 커피가 왜 유명하냐고 물어본 그 학생도 커피를 마시고 나서는 그 맛에 반했을 거예요.

라테를 마시면서 태윤이에게 "세상에 이렇게 맛있는 커피가 있다니, 태윤아"라며 호들갑을 떨었어요. 태윤이는 공짜로 받은 베이비 치노를 마셔보더니 "엄마! 이건 그냥 우유 맛인데?"라고 대답하지 뭐예요. 영화의 한 장면 같은 몬모스 커피의 모습이 이제는 꿈처럼 아련하게 느껴지네요.

코톨드 갤러리

잠든 태윤이의 유모차를 밀며 코벤트 가든을 둘러봤어요. 다양한 숍을 구경하고 커피도 마셨죠. 태윤이가 잠에서 깬 후에는 코벤트 가든에서 가까운 서머셋 하우스로 향했어요. 저는 코톨드 갤러리 The Courtauld Gallery를 관람하고 싶었는데, 태윤이는 광장에 펼쳐진 아이스링크에 온통 마음을 빼앗겼어요. 11월 중순이 넘어가면 런던 곳곳에서 만날 수 있는 아이스링크와 거대한 트리는 연말 분위기를 물씬 느끼게 해주었죠.

런던 중심가 서머셋 하우스에 간다면 코톨드 갤러리를 꼭 둘러보길 추천해요. 귀한 회화 작품을 많이 소장하고 있고, 작은 규모지만 서정적인 아름다움을 느낄 수 있는 미술관이거든요. 제가 기억나는 작품은 빈센트 반 고흐의 '귀에 붕대를 감은 자화상'이에요.

밤의 런던

사실 국회의사당이나 빅벤은 우리의 여행 리스트에는 없었지만 코톨드 갤러리를 나서서 템스 강변까지 와버렸어요. 템스 강변은 정말 많은 사람들로 넘쳐났고, 비가 그친 뒤라 땅도 질퍽였지만 뉘엿뉘엿 해가 저무는 전경은 낭만 그 자체였어요. 저 멀리 보이는 국회의사당과 빅벤은 낮보다 밤이 더욱 근사하고 웅장했어요.

The Last Two Days

런던에서의 두 번째 숙소는 웨스트민스터 근방의 케임브리지 스트리트의 주택가에 위치한 아티스트 레지던스 런던 Artist Residenc London이에요.
아침에 눈을 뜨면 오래 전부터 살던 집에서 깨어나는 기분이 들었던 이곳. 태윤이는 아침이면 창밖을 바라보며 우유를 마시고, 저녁에 해가 질 때면 "엄마 저 굴뚝에서 연기가 나!"라고 말했어요. 화장실마저 클래식한 분위기로 여행자의 마음을 위로해준 곳이에요.

Artist Residenc London
주소 52 Cambridge Street, London, SW1V 4QQ(London Victoria Station 기차역에서 걸어서 13분)

British Morning

아티스트 레지던스 런던의 지하로 내려가면 갤러리 같은 분위기의 근사한 룸에서 휴식을 취할 수 있어요. 우리는 1층에 위치한 레스토랑에서 조식을 먹었어요. 태윤이와 함께한 마지막 조식의 추억입니다.

Thank You, My Baby

지금도 여행 사진을 보면 엄마 곁을 지키며 든든한 여행 동반자가 되어준 태윤이가 새삼 고마워요. 태윤이가 더 크기 전에 단둘이 보낼 수 있는 시간이 주어져서 정말 감사하고요. 서로에 대해 더 이해하고 알아갈 수 있는 기회이기도 했고, 아이의 취향과 생각을 엿볼 수 있었던 소중한 시간이었어요.

파리행 기차 안에서

한국으로 돌아가기 위해 마지막 밤을 파리에서 보내야 했어요. 유로스타를 타고 파리로 가는 기차에서 컬러링 북을 색칠하는 태윤이.

태윤이와 엄마가 함께 뽑은 런던의 베스트 스폿

1위 테이트 모던 Tate Modern
미술을 잘 몰라도 세계 최대 규모의 미술관인 테이트 모던은 꼭 방문해보세요. 세인트폴 대성당을 지나 밀레니엄 브리지를 매서운 칼바람을 맞으며 건너면 건물 자체만으로도 압도적인 테이트 모던을 만날 수 있어요. 원래는 화력발전소였지만 8년간의 공사 끝에 멋진 미술관으로 다시 태어난 곳이에요. 미술관 곳곳을 구경하고 나서 7층의 전망대로 올라가 템스 강과 세인트폴 대성당이 내려다보이는 창가에서 커피 한잔을 마시며 이곳에서의 감성을 충분히 느꼈던 기억이 나네요.

2위 버로우 마켓 Borough Market
테이트 모던에서 나와 향한 곳이 버로우 마켓이에요. 느긋하게 산책을 즐긴다고 생각하고 걷다 보면 런던 브리지 역이 보여요. 그 바로 옆에 버로우 마켓이 있답니다. 런던에서 가장 오래된 재래시장인 버로우 마켓은 현지인들도 가장 많이 찾는 곳이에요.
우리가 갔던 날은 토요일이라서 사람들이 어마어마하게 많았지만, 사람들 사이를 비집고 시장을 구경하는 재미도 나쁘지 않더라고요. 마치 그곳 주민이라도 된 듯한 기분으로 치즈도 맛보고, 각종 식재료도 둘러봤어요. 그날 버로우 마켓에서 사온 라벤더 한 다발은 아직도 우리 집을 지키고 있답니다.
버로우 마켓의 기억을 떠올리다 보니 마켓 입구에 있던 몬모스 커피도 생각나요. 다시 런던에 간다면 그곳에서 플랫 화이트를 꼭 즐기고 싶어요. 기다리는 줄이 길더라도 상관없이요.

3위 런던 브리지 London Bridge
버로우 마켓에서 충분히 즐거운 시간을 보냈다면 런던 브리지로 향해보세요. 런던 브리지에 도착할 즈음 템스 강변의 아름다운 풍경이 펼쳐질 거예요. 런던 브리지에서 템스 강변의 야경을 감상하는 것으로 하루 일정을 마무리하는 것도 나쁘지 않아요. 런던 브리지가 주는 낭만적인 분위기만큼은 절대 놓치지 마세요.

4위 하이드 파크 & 세인트 제임스 파크 Hyde Park & St. James' Park

런던의 이곳저곳을 둘러보느라 지칠 즈음, 곳곳에 있는 공원에서 한 템포 쉬어보세요. 아이들에게는 공원만큼 좋은 곳도 없잖아요. 어른들에게도 공원은 최고의 안식처가 되어주지요. 이름 모를 새들과 청설모 등 동물 친구들을 가까이 마주할 수 있는 선물 같은 곳이에요.

5위 자연사 박물관 Natural History Museum

영국의 상징과도 같은 자연사 박물관. 영국에 갔다면 반드시 둘러봐야 하는 곳이에요. 일단 자연사 박물관에 도착하는 순간부터 웅장하고 멋진 로마네스크 양식의 외관에 눈이 휘둥그레졌어요. 안으로 들어가서는 거대한 공룡 뼈에 입을 다물지 못했고요. 태윤이는 눈을 동그랗게 뜨고 이것저것 유심히 바라보더군요. 아이도, 어른도 반하지 않을 수 없는 곳이에요.

6위 포토벨로 마켓 Portobello Market

'런던' 하면 각종 마켓으로 유명하죠. 다양한 마켓을 통해 자연스럽게 런더너의 일상을 엿볼 수 있어요. 또 서울에서는 보지 못했던 낯선 물건을 구경할 수 있어 여행자의 마음을 흔들어놓지요. 특히 영화 〈노팅힐〉의 배경이 되었던 포토벨로 마켓은 꼭 둘러보길 추천해요.

Chapter Six

태브로네 집

사소하지만 사랑스러운 순간들

아이들의 유치원 등원으로 분주한 아침을 보내고 나면 잠시 숨을 돌립니다. 어질러진 집 안을 정리하고 좋아하는 커피를 내리고 나서 차분하게 앉아 오늘 해야 할 일을 정리해봅니다. 가끔 아이들 사진을 정리하다 보면 마냥 아기 같을 줄만 알았던 아이들이 언제 이렇게 자란 건지 신기하고 눈물이 날 만큼 고맙지요.
많은 분이 한창 에너지가 넘치는 일곱 살, 다섯 살 남자아이 둘을 키우는 게 힘들지 않느냐고 물어보세요. 물론 힘에 부치고 지칠 때도 있어요. 하지만 한 가지 분명한 건 아이들이 태어나고부터 제 삶이 보다 풍요롭고 다채로운 빛을 띠기 시작했다는 겁니다. 제가 아이들을 보살피기도 하지만, 아이들이 저에게 더 큰 에너지와 감동을 주기 때문이에요. 아이들을 통해서가 아니라면 어디에서도 얻을 수 없는, 일상을 씩씩하게 살아가게 하는 그런 에너지와 감동 말이에요. 체력적으로는 힘들어도 아이들이 행복해하는 모습, 예쁘게 웃는 모습을 보면 제가 엄마라는 사실이 한없이 감사해요.
차분하고 양보심 많은 태윤이, 형이 하는 거라면 뭐든 대단해 보이는 애교쟁이 찬율이. 둘은 커갈수록 이 세상에서 가장 좋은 친구가 되어가는 것 같아요. 물론 욕심도 그만큼 늘어서 서로 티격태격할 때도 있지만요.

사이좋게 쌓편 블록을 하나씩 만들고, 그림을 그리고, 책도 읽고, 게임도 하고, 레슬링을 하는 두 아이들. 간식을 챙겨주고 두 아이가 노는 모습을 물끄러미 바라봅니다. 특별할 것 없는 사소한 일상이지만 사랑스러운 아이들을 기억하고 싶은 마음에 찰칵찰칵 열심히 카메라 셔터를 눌러대기도 하고요.

'우리 아이들에게 어떤 음식을 해 먹일까?'만큼 제가 많이 생각하고 고민하는 것이 '아이들을 어디에 데리고 갈까?'입니다. 태윤이가 다섯 살, 찬율이가 세 살이 되어 바깥나들이가 어느 정도 편해진 재작년부터 부지런히 많은 곳을 데리고 다니며 경험하게 해주고 싶었어요. 아장아장 걸었던 아가였던 순간이 엊그제 같은데 아이들은 어찌 이리도 쑥쑥 크는지 깜짝깜짝 놀라곤 해요. 큰아이 태윤이가 초등학교에 들어가면 아무래도 공부하랴 숙제하랴 시간적 여유가 없어서 많은 것을 포기해야 할 거예요. 지금 이 시간이 더욱 소중하게 느껴져서 부지런히 많은 것을 경험하고 느끼게 해주고 싶어요.

아이들과의 나들이 코스를 짤 때 제가 가장 중요하게 생각하는 것이 있어요. 키즈 카페나 놀이터, 놀이공원 같은 곳도 좋지만 그런 곳에만 익숙해지면 그 시간에 다른 것을 보고 느낄 수 있는 기회를 놓치는 건 아닐까 싶었어요. 그래서 조금 수고스러워도 자연환경이 아름다운 곳, 좋은 그림이 있는 곳, 디자인이 멋지거나 감각 있게 꾸며진 곳, 마음껏 뛰어놀 수 있는 곳을 먼저 찾아보려고 해요.

일상에서 늘 보고 접하는 곳보다는 아이들의 상상력을 자극할 수 있는 곳, 아이의 생각이 자연스럽게 커질 수 있는 곳, 그곳만의 감성을 충분히 느낄 수 있으면서 엄마인 저도 활력을 얻을 수 있었던 곳들을 이번 챕터에서 함께 소개할게요.

태브로네 일상 기록

메모리카드 게임

여러 장의 카드를 그림이 보이지 않게 뒤집어놓고 같은 그림이 그려진 카드 두 장을 찾는 메모리카드 게임. 태윤이와 찬율이가 너무나 좋아하는 게임이에요. 찬율이도 이젠 형과 제법 게임을 할 만큼 훌쩍 컸네요.

사진 속 심플한 메모리카드는 네덜란드 브랜드 헥틱 부티크 Hektik Boutique 제품이에요. 여러 가지 색깔과 모양의 도형이 그려져 있어 자연스럽게 도형을 익히며 공간지각력과 집중력도 키울 수 있어요.

엄마가 만든 메모리카드 게임

메모리카드 게임이 한 세트만 있으니 서로 자기 거라며 욕심을 내더라고요. 그래서 비슷하게 하나 더 만들어주기로 결심하고 다양한 색상지를 구입했어요. 두꺼운 종이를 자른 다음 그 위에 색상지로 만든 여러 가지 도형을 붙였어요. 손이 많이 갔지만 아이들은 엄마표 메모리카드를 보고 너무 좋아했어요. 몇 번씩이나 두꺼운 종이를 칼로 자르느라 손이 좀 아프긴 했지만 각자 하나씩 갖게 되어 좋아하는 모습을 보니 뿌듯했어요.

I am a little patissier

아이들이 너무 좋아하는 놀이 중 하나가 꼬마 파티셰가 되는 것이죠. 태윤이와 찬율이도 밀가루를 체에 치고 반죽을 만들어 밀대로 밀어보는 것을 너무 좋아해요. 초콜릿을 짜서 아이싱 쿠키를 만드는 것도 정말 재미있어 하지요. 뒷정리가 번거로워서 자주는 아니지만 가끔씩 선심 쓰듯 아이들에게 주방을 오픈하는 날이 있어요. 이날만큼은 아이들이 부엌의 주인공이랍니다.

주말의 바느질 시간

형아는 바느질을 하고 동생은 책을 읽는 어느 주말 아침의 풍경이에요. 아이들이 할 수 있는 바느질 키트를 구입했더니 태윤이는 의욕을 불태우며 바느질을 시작했어요. 처음 해보는 바느질이 너무 재밌다면서요. 찬율이도 조금 크면 바느질에 관심이 생길까요? 이날은 책만 보느라 바빴지만요.
아이용 바느질 키트는 에잇컬러스에서 구입했는데, 여섯 살 이상의 아이들은 엄마가 조금만 도와주면 완성할 수 있어요.

We made the gingerbread house!
동네 마트에서 다양한 모양과 크기의 과자를 아이들과 함께 골라 잔뜩 사왔어요. 초콜릿과 잼으로 과자를 붙여가며 만들었던 진저브레드 하우스! 만드는 내내 달콤한 냄새 때문에 찬율이는 쿠키를 몰래 집어먹기도 했지요.
"엄마! 과자 집을 너무 오래 놔두면 파리랑 벌들이 올 거 같아!"라며 걱정하던 모습이 눈에 선하네요.

도미노가 최고야!

한창 도미노에 빠져 있을 때 유치원에서 돌아오자마자 도미노를 세우고 무너뜨리던 아이들. 경쾌한 소리를 내며 무너지는 도미노가 너무 좋았나 봐요. 유치원에 가면서도 엄마에게 미리 도미노를 세워두라고 신신당부하던 녀석들. 저는 아이들이 집으로 돌아오기 전에 열심히 도미노를 세워두느라 바빴답니다. 처음에는 도미노 세우는 걸 어려워했던 아이들이 자꾸 하다 보니 점점 정교해지더라고요. 소근육 발달과 집중력을 키우는 데 정말 좋은 놀이인 것 같아요. '6점 도미노'를 검색해보면 비슷한 제품을 찾을 수 있어요.

변신 자동차

커다란 경찰차를 열면 미니카를 가득 담을 수 있는 카 캐리어로 변신해요. 태윤이는 자동차를 많이 좋아하는 편은 아닌데, 찬율이가 자동차를 좋아해서 사준 장난감이에요. 미니카를 저렇게나 많이 담을 수 있다니 신기하지요? 해외 사이트에서 구매했는데, 어디에서 구입했는지는 정확히 기억나지 않아 알려드리지 못하는 게 안타까워요.

Taeyoon's Favorite Things

달콤한 초코볼, 엄마가 새로 사준 호피 무늬 샌들, 무민 쿠키, 사파리 러시아워 게임. 여섯 살이 되면서 보드게임을 즐기기 시작한 태윤이가 한동안 모든 열정을 불태웠던 것이 바로 러시아워 게임이에요. 일곱 살이 되면서 동물들이 등장하는 사파리 러시아워 게임으로 한 단계 업그레이드했죠. 혼자 생각해서 스스로 해결해가는 재미를 알아버린 걸까요. 가끔은 커가는 아이들을 바라보면서 '머지않아 엄마 품에서 벗어나 세상을 향해 당당히 걸어갈 때가 오겠지' 하는 생각을 해봅니다. 엄마인 저는 묵묵히 아이들을 응원해야겠지요.

러시아워 게임, 사파리 러시아워 게임은 씽크펀 제품.

집에서 즐기는 캠핑

집에서 캠핑 기분을 내보는 건 어떨까요.
먼저 시원한 수박과 간식을 준비하고 텐트 앞에 커다란 리넨을 깔아요. 좋아하는 장난감도 꼭 챙겨야죠. 그동안 엄마는 시원한 커피를 마시며 잡지를 보면 되겠지요. 태윤이는 유치원에서 가져온 장난감 지폐로 가게 놀이를 하겠대요. 하하호호 웃으며 가게 놀이를 했던 여름날의 기억.

여우 트레이는 도나 윌슨 Donna Wilson 제품으로 에이치픽스(www.hpix.co.kr)에서 구입.
리넨 매트는 컬잇에서 구입.
알파벳 숫자 블록은 엉클 구스 Uncle Goose 제품.

어린이날의 타투

유치원에서 어린이날 행사가 있었어요. 이날 아이들은 집에 들어오면서도 기분이 들떠 있었어요. 가만 보니 볼에 귀여운 타투를 붙이고 온 거 있죠.

권투 시합 1라운드

옷을 갈아입다 말고 깔깔대며 방으로 들어가더니 겨울 장갑을 끼고 나타난 녀석들! 한바탕 권투 시합이 벌어졌어요. 역시 아이들이란 무얼 해도 웃음이 터지죠. 한 아이가 웃으면 나머지 아이도 따라 웃음보가 터져요. 한참을 넘어갈 듯 웃어대며 땀을 빼고 나서 하는 말은 "엄마, 먹을 것 좀 주세요."입니다.

러그는 이케아 Ikea 제품.
문에 붙인 바다 포스터는 후즈갓마이테일(www.whosgotmytail.com)에서 구입.

다정한 오후의 블록 놀이

두 아이가 사이좋게 몰펀 블록을 하나씩 옆에 끼고 그림도 그리고 책도 읽고 있어요. 점점 커갈수록 함께 놀 수 있는 친구가 되어가는 형제들. 서로에게 힘이 되고 위안이 되어준다면 더없이 좋겠지만, 이렇게 둘이 함께한다는 사실만으로도 감사한 그런 날입니다.

His First Mini Book

유치원에서 작은 책을 만들었던 시간이 좋았는지 집에 와서도 열심히 미니 북을 만드는 태윤이. 그의 처녀작 〈유령의 책〉은 제목과 달리 전혀 무섭지 않고 귀엽기만 해요. 만들기와 그림 그리기를 좋아하는 태윤이는 혼자 있어도 전혀 심심해하지 않는 성격이에요. 태윤이가 완성한 미니 북은 그림만 있는 책이지만 제법 완성도가 있네요. 만들고 그리고 오려가며 자기만의 세계를 만들어가는 모든 아이들을 응원합니다.

여행 계획을 세우던 어느 여름날

어디선가 들은 적 있는 '에펠탑'이 궁금한 태윤이. 지도에서 에펠탑을 찾는 중이에요. 여행을 앞두고 가장 설레는 순간은 아직 가보지 못한 그곳을 상상할 때가 아닐까요. 아이가 낯선 곳을 여행하는 즐거움을 알까 싶어 여행을 망설이기도 했지만 돌이켜보면 떠나길 정말 잘한 것 같아요. 태윤이가 나중에 커서 기억하지 못한다고 해도 제가 모두 기억할 거예요.

슈퍼히어로가 될래요!

아이언맨 가면을 쓰고 제법 그럴듯한 자세를 잡은 태윤이와 찬율이.
엄마는 일상의 사소한 순간마저도 오래오래 기억하고 싶어요.

사랑한다는 말로는 부족해

통통 튀는 매력 덩어리 찬율이는 애교가 넘쳐서 딸처럼 느껴질 때가 많아요. 유치원에서는 제법 '상남자'라는데 엄마 앞에서는 이런 애교쟁이가 없어요. 찬율이가 딸 역할까지 해줘서 엄마는 너무 고마워요.

플라스틱 수납함은 서플러스 시스템 Surplus Systems 제품.
페이퍼 백은 짐블랑에서 구입.

나팔을 불어봐

언젠가 루밍에서 특별한 미술 수업이 끝난 후
태윤이가 만든 귀여운 나팔을 하나씩 목에 걸었어요.

Merci & Bonjour
웃을 때 너무 해맑고 예쁜 건 어떤 아이라도 마찬가지겠죠.
아이들과 함께 웃을 때 엄마는 가장 행복해요.

아이들이 수건처럼 몸에 두른 테이블 매트는 15구(15e.co.kr)에서 구입.

보드리의 숫자 쓰기

아침부터 열심히 숫자를 그려대던 찬율이는 빨리 글을 읽고 싶은지 엄마 책을 가지고 가서 자기 맘대로 읽어요. 찬율이를 쏙 닮은 알록달록 숫자들을 보니 그저 웃음이 나요. 지금이 아니면 그릴 수 없는 그림이라 정말 소중해요. 이 그림은 꼬마들의 그림을 보관하는 상자에 꼭 담아둬야겠어요.

Happy birthday to my boy
여섯 살 태윤이의 생일 아침 풍경.
형보다 더 힘차게 촛불을 끄던 네 살 찬율이와
유난히 얼굴이 빛났던 그날의 주인공 태윤이.

찬율이의 커다란 땡땡이 고깔은 가로수길 편집 숍에서 구입.
태윤이의 노란색 미니 고깔은 베이비라떼(www.babylatte.co.kr)에서 구입.
테이블 매트는 컬잇에서 구입.

집안일 잘하는 두 남자

한 콩이 두 콩이 세 콩이…. 콩을 까는 것을 이렇게 재밌어할 줄은 몰랐어요. 할머니 댁에서 고사리손으로 콩을 많이 까고 왔지만, 집에 와서도 콩 까기는 계속되었답니다. 저녁을 준비할 때 콩나물 다듬기도 요즘은 형제들 담당이에요. 훌륭한 요리 어시스턴트가 둘이나 생겼지 뭐예요.

시장에 가자!

"내가 좋아하는 미니 사과다!"라며 찬율이가 아는 척을 했지만, 사실 그건 매실이란다. "엄마, 나는 매실 주스도 너무 좋아하니까 매실도 당장 사요." 하는 찬율이. 아이들과 함께 백화점이나 마트가 아닌 농수 산물 시장에 가면 별거 아닌데도 너무 재밌어하는 모습을 볼 수 있어요. 여기저기 좋아하는 과일이 그득 해서 그런가 봐요.

일곱 살 그녀의 생일

봄볕이 따스했고 친구들과 뛰어노느라 이마에 땀이 송글송글 맺혔던 아이들. 넓은 마당에서 '무궁화꽃이 피었습니다'를 할 때 규칙 같은 건 중요하지 않았어요. 그저 서로를 바라보기만 해도 깔깔대며 행복했던 5월의 어느 날.

Letters to Juliet

태윤이가 친한 여자 친구에게 생일 카드를 쓰는 중이에요.
"엄마, 어떤 옷을 그릴까?"
"여자 구두는 안 그려봤는데…."
고민 많은 일곱 살 로미오가 완성한 생일 카드는 줄리엣에게 무사히 전달되었겠죠?

Hi, Yolo

반가운 욜로 아저씨가 그려진 코튼 백은 유로스타 20주년을 기념해 개찰구에서 무료로 나눠준 거예요. '좀 더 집어 올걸!' 후회가 될 만큼 위트가 넘치는 멋진 가방이에요. 이 가방에 아이들의 색도화지를 돌돌 말아 넣어뒀어요.

꼬마 신사의 잇백

꼬마 신사들에게도 잇백은 필요해요. 태윤이가 네 살부터 즐겨 들었던 가방들이에요. 가방 하나하나마다 추억이 녹아 있고 이야기가 담겨 있어요. 그래서 언제가 될지 모르지만 태윤이의 아이들에게도 이 가방을 물려주고 싶어요.

옐로 도트 가방은 레일 Lale. 브라운 스웨이드 가방은 매니멀 Manimal. 얼굴 그림이 그려진 코튼 백은 꼬모. 여러 가지 크기의 런치 박스 스타일 가방은 프롬 줄라이 제품.

깔끔한 캘리그래피가 돋보이는 코튼 백은
파리 봉 마르셰 백화점에서 구입.

엄마의 공간

거실을 아이들의 공간으로 양보한 우리 집에는 엄마만의 공간이 별로 없어요. 장난감, 책, 블록 등 아이들 물건이 너무 많으니 엄마는 욕심을 조금 줄이기로 했어요. 다음에 이사를 가면 엄마의 공간도 조금씩 늘어났으면 좋겠어요.

서랍장은 덜튼 Dulton, 디퓨저는 수향 Soohyang, 벽에 걸린 먼지떨이는 블로마 Blomma 제품.

나들이의 추억

Sunset Memories
호~ 불면 하얀 입김이 나오던 겨울의 어느 날 찾아간 양평 두물머리.
해 질 녘 두물머리와 아이들의 모습이 한 폭의 그림처럼 아름다워요. 그림 속 주인공이 된 두 형제는 이 날을 기억할까요? 다시 못 올 오늘을 맘껏 즐기는 것만으로도 만족해야 할 것 같아요. 꽤 추웠지만 해지는 풍경을 바라볼 수 있어 좋았던 하루예요.

다슬기 따던 날

모래와 돌과 물만 있으면 그곳은 아이들의 놀이터가 됩니다. 스트로 모자를 똑같이 눌러쓴 귀여운 천사들은 양평의 냇가에서 바지를 훌훌 걷고 바위틈에 붙어 있는 다슬기를 따느라 정신이 없었어요. 너무 재미있어서 물 밖으로 나오기 싫었는지 아이들은 한참을 냇가에서 놀더군요. 역시 자연은 아이들에게 최고의 놀잇감이 분명해요.

자연과 함께하는 놀이터

많은 등산객이 오가는 안양예술공원에는 곳곳에 예술 작품이 설치되어 있어요. 자연과 어우러진 작품들을 바라보며 감성지수도 한껏 높이고 휴식도 취했어요. 공원이 규모가 꽤 크고 잘 정돈되어 있어 산책을 하기도 좋아요. 아이들은 이날을 돌멩이를 원 없이 던지고 마음껏 흙을 만진 날로 기억하겠죠.

해바라기 마을의 추억

이곳은 양평 무왕리 해바라기 마을이랍니다. 드넓게 펼쳐진 해바라기 밭을 찾아낸 건 비가 추적추적 내린 여름날이었어요. 양평에서 만난 해바라기 세상은 별천지에 온 듯한 감동을 안겨주었어요. 이렇게 많은 해바라기를 만났다는 것만으로도 호들갑을 떨고 싶었어요. 꼭 다시 한 번 가보고 싶은 곳이에요.

The Happiest Moment

지난해 가장 기억에 남는 여행 장소는 파리도 런던도 아니에요. 우리 식구 모두 서해안을 따라 남해까지 내려갔던 왁자지껄했던 가족 여행이 가장 행복한 기억으로 남아 있어요. 차를 타고 가다 주렁주렁 대봉이 매달려 있는 걸 보고 멈춰서 한참을 구경했지요. 그런데 갑자기 개가 짖는 바람에 아이들이 너무 놀랐어요. 인심 좋은 감나무 주인 할아버지께서 그런 아이들이 귀엽다며 식구 수대로 커다란 대봉을 따주셔서 얼마나 감사했는지 몰라요.

그렇게 달리고 달려서 도착한 남해는 우리를 말없이 반겨주었지요. 숙소를 찾아가는 길에 만난 영화 같은 일몰 장면은 평생 잊지 못할 감동을 안겨주었어요.

도시 속 시골 내음

남해로 향하던 중 들렀던 담양 슬로 시티는 도시에서는 느낄 수 없는 정겨움과 시골 내음으로 가득했어요. 아이들도 한옥에서의 하룻밤을 얼마나 설레며 기다렸는지 몰라요. 아침에 일어나 한옥 마루에서 주렁주렁한 감과 감나무를 바라보는 꼬마들. 담양에서의 한옥 체험은 무엇과도 바꿀 수 없는 소중하고 값진 시간이었어요. 죽녹원의 향기가 아직도 생생해요.

Looking for Good Luck

무르익은 가을을 즐기기에 동네 공원만큼 좋은 곳도 없지요.
잔디밭에서 네잎 클로버를 찾느라 바쁜 아이들. 이날은 웬일인지 조금만 둘러봐도 금세 네잎 클로버를 찾을 수 있었어요. 신기한 잔디밭 덕분에 네잎 클로버를 못 찾았다고 떼쓰는 아이가 없어서 얼마나 다행이었는지 몰라요.

아이들과 함께 가면 좋은 미술관

마이알레

넓게 조성된 정원에서 자연을 만끽하며 뛰어놀 수 있는 라이프스타일 농장이에요. 카페, 디자인 숍, 갤러리가 있으며 아이들이 참여할 수 있는 다양한 클래스도 진행되고 있어요. 처음 갔을 때부터 한눈에 반해서 아이들과 함께 여러 번 방문했어요.

주소 경기도 과천시 주암동 434-3(과천시 삼부골 3로 17)
전화 02-3678-9468 홈페이지 www.myallee.co.kr

갤러리 토스트

방배 사잇길에는 매력적인 곳이 참 많아요. 갤러리 토스트도 그중 하나로, 작지만 충분히 알찬 갤러리예요. 최근에는 풍경과 사람들에 관한 전시인 〈이익재 개인전〉이 열리고 있었어요.

주소 서울시 서초구 방배로 42길 46 3층
전화 02-532-6460 홈페이지 gallerytoast.com

경기도 미술관

안산에 위치한 경기도 미술관. 규모가 꽤 크고 다양한 전시와 체험 행사를 진행해서 아이들과 함께 시간 보내기에 좋아요. 야외에도 넓은 공간이 있어 맘껏 뛰놀 수 있으니 참 고마운 곳이랍니다.

주소 경기도 안산시 단원구 동산로 268
전화 031-481-7000 홈페이지 gmoma.ggcf.kr

소다 미술관

뼈대만 남아 있던 찜질방을 화성시 최초의 미술관으로 만들었대요. 지붕이 없는 미술관이자 오래된 건물의 골조를 그대로 살린 소다 미술관은 모래와 자갈 등의 친환경적 요소가 가득한 독특한 공간이에요.

주소 경기도 화성시 안녕동 138-110
전화 070-8915-9127 홈페이지 museumsoda.org

시립장욱진미술관

경기도 양주의 고즈넉한 언덕에 자리하는 시립장욱진미술관. 서울 근교의 나들이 가기 좋은 코스로 추천할 만한 미술관이에요. 바람이 솔솔 부는 가을날 언덕을 달려 내려가는 아이들을 상상해보세요.

주소 경기도 양주시 장흥면 권율로 211
전화 031-8082-4245 홈페이지 changucchin.yangju.go.kr

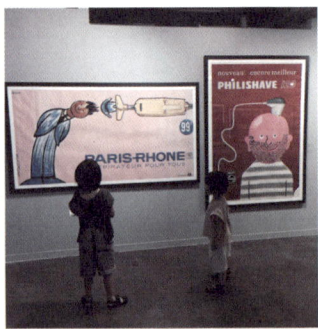

KT&G 상상마당 갤러리

홍대 앞으로 나들이를 갈 때면 찾아가는 상상마당 갤러리. '비쥬얼 스캔들'이라는 타이틀이 너무나 잘 어울린다고 느껴졌던 레이먼 사비냑 Raymond Savignac의 국내 최초 기획전이 열렸어요. 자기가 그려보고 싶은 그림들을 직접 사진으로 찍어본 태윤이와 그림에 대해 이것저것 질문하던 찬율이. 아이들의 의외의 모습을 본 것 같아 제 마음이 다 설렜던 특별한 날이었어요.

주소 서울시 마포구 어울마당로 65
전화 02-330-6200 홈페이지 www.sangsangmadang.com

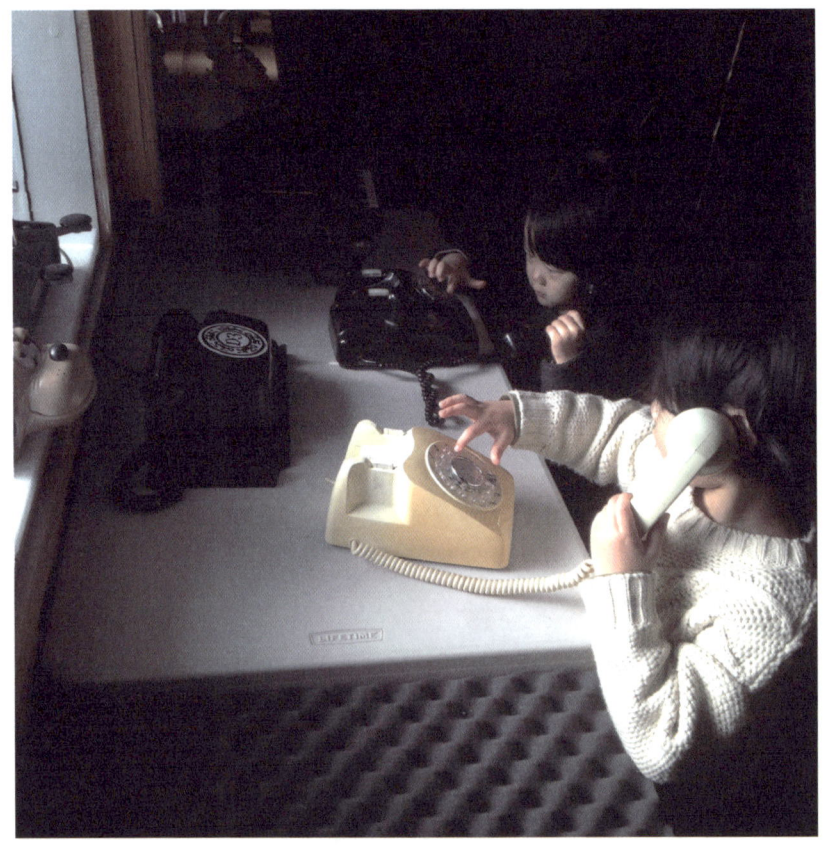

강화 소리박물관

강화도로 짧게 여행을 한 적이 있어요. 우연히 들른 곳인데 소박하지만 다양한 소리와 악기를 체험할 수 있어서 아이들이 너무 즐거워했어요. 진지한 얼굴로 옛날 전화기의 다이얼을 열심히 돌려대는 아이들을 만날 수 있을 거예요.

주소 인천시 강화군 길상면 해안남로 474-11(선두리 1-59번지)
전화 032-937-7154 홈페이지 www.soundmuseum.kr

SeMA 북서울미술관

서울 노원구에 위치한 SeMA 북서울미술관도 아이들과 방문하기 좋은 곳이에요. 규모도 큰 편이고 무료 전시도 많이 열리거든요.

주소 서울시 노원구 동일로 1238(중계동)
전화 02-2124-8800 **홈페이지** sema.seoul.go.kr/bukseoul/index.jsp

Epilogue

행복했던 여행을 마무리하며

책을 만드는 과정은 제게 마치 여행과도 같았어요. 지난 사진들을 들춰보며 추억하는 시간은 설렜고, 지금보다 어린 태윤이와 찬율이를 다시 만나는 것도 너무 즐거웠어요. 여행 사진을 보면 파리의 골목을 다시 걷는 기분이었고, 런던에서 보낸 시간이 영화의 한 장면처럼 스쳐 지나가기도 했어요. 출간 제의를 받고, '내가 잘할 수 있을까? 좋은 책이 될 수 있을까?' 걱정스럽던 마음은 어느덧 설렘으로 바뀌어 있었어요. 정말 긴 여행이라도 하는 것처럼요. 제가 좋아하는 것들에 관한 이야기를 하는 책이라 더욱 행복했나 봐요.

책을 마무리하는 지금은 주변의 모든 분에게 감사하다는 생각만 맴돕니다. 늘 아름답고 건강한 영감을 주는 친구들, 동생들, 언니들과 처음부터 응원해준 많은 분들에게 감사의 마음을 전하고 싶어요. 지금까지 너무 잘 자라준 찬율이와 늘 든든하게 제 곁을 지켜주는 남편, 가까운 곳에서 늘 도움을 주시는 부모님과 가족 모두에게도 고맙다는 인사를 전합니다.

그리고 나의 태윤이. 마지막까지 엄마 책에 담길 그림을 그려주느라 너무 애써줬어요. 기특하고 고마운 태윤이는 제가 이 책을 꿈꾸고 만들 수 있게 한 또 다른 이유이기도 해요. 지금 이 글을 쓰면서도 저는 태윤이와 함께 떠날 여행을 또다시 꿈꿔요.

이 책을 지금 손에 들고 있을 독자분들! 제 이야기를 읽어주셔서 정말 감사합니다. 그리고 저와 같은 엄마들! 때로는 지치기도 하지만 조금만 더 힘내서 하루하루 몸도 마음도 성장하는 아이들과 함께 행복한 일상을 누릴 수 있기를 바랍니다.

우리, 오늘보다 더 기분 좋은 내일을 꿈꿔봐요. 모두 행복하세요.

2015년 9월 하상미

태브로네 집

1판 1쇄 인쇄 2015년 9월 10일
1판 1쇄 발행 2015년 9월 16일

지은이 하상미

발행인 양원석
사업단장 김경만
본부장 김재현
편집장 황혜정
책임편집 한지윤, 차선화
디자인 형태와내용사이
교정 · 교열 홍주연
해외저작권 황지현, 지소연
제작 문태일
영업마케팅 정상희, 우지연, 김민수, 장현기, 이영인, 정미진, 이선미

펴낸 곳 (주)알에이치코리아
주소 서울시 금천구 가산디지털 2로 53, 20층 (가산동 한라시그마밸리)
편집문의 02-6443-8860
구입문의 02-6443-8838
홈페이지 www.rhk.co.kr
등록 2004년 1월 15일 제2-3726호

ISBN 978-89-255-5726-7 13590

- 이 책은 (주)알에이치코리아가 저작권자와의 계약에 따라 발행한 것이므로
  본사의 서면 허락 없이는 어떠한 형태나 수단으로도 이 책의 내용을 이용하지 못합니다.
- 잘못된 책은 구입하신 서점에서 바꾸어드립니다.
- 책값은 뒤표지에 있습니다.

RHK 는 랜덤하우스코리아의 새 이름입니다.

snaps

간직하고 싶은 추억을 프린팅하다

스냅스 스퀘어 프린트 팩(20장)

20장의 추억이 하나의 패키지로,
4X4 사이즈 정사각형 사진의 매력을 만나보세요.

Welcome to Tae Bro's House

스냅스 4×4 스퀘어 프린트 팩
(20장)
무료 제작 쿠폰

쿠폰번호 **AC5EF66E-E914-E23F**
(7,900원 상당)

*스냅스 회원가입 후 사용 가능

 snaps

특별한 일상의 기억,
스냅스와 함께 하세요.

01 포토북
특별한 일상이나 여행지에서의 추억과 설레임을
책으로 만들어 간직하세요.

02 사진인화
스냅스만의 고급 사진인화 서비스로 순간의
감동을 더 생생하게 전해드립니다.

03 캘린더
365일 함께 할 캘린더에
특별한 추억을 담아보세요.

04 핸드폰 케이스
언제나 함께 하는 세상에 단 하나뿐인
특별한 핸드폰 케이스를 만들어보세요.

스냅스 모바일 앱과 웹사이트(www.snaps.kr)에서
더 많은 상품을 만나보실 수 있습니다.

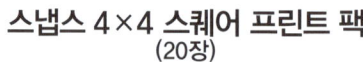

무료쿠폰

쿠폰 적용 상품
스냅스 4×4 스퀘어 프린트 팩
(20장)

모바일
전용 상품

유효기간 : ~2016년 2월 29일까지

사용 방법 : 본 쿠폰은 모바일앱에서만 사용이 가능합니다.
로그인 후 쿠폰을 등록하시면 사용이 가능합니다.
등록된 쿠폰은 마이스냅스 → 쿠폰관리에서 확인할 수 있습니다.
쿠폰은 1인 1매 사용이 가능하며, 중복 사용은 불가합니다.
배송료는 신청자 부담입니다.

부록
캐릭터 팬케이크 도안

부록
캐릭터 팬케이크 도안